多维视角下的体育旅游探究

蔡懿琳◎著

中国戏剧出版社
CHINA THEATRE PRESS

图书在版编目（CIP）数据

多维视角下的体育旅游探究 / 蔡懿琳著. -- 北京：中国戏剧出版社，2024. 11. -- ISBN 978-7-104-05596-9

Ⅰ．F592.3

中国国家版本馆CIP数据核字第2024LU3916号

多维视角下的体育旅游探究

责任编辑：肖　楠
项目统筹：李　静
责任印制：冯志强

出版发行：	中国戏剧出版社	
出 版 人：	樊国宾	
社　　址：	北京市西城区天宁寺前街2号国家音乐产业基地L座	
邮　　编：	100055	
网　　址：	www.theatrebook.cn	
电　　话：	010-63385980（总编室）	010-63381560（发行部）
传　　真：	010-63381560	

读者服务：010-63381560
邮购地址：北京市西城区天宁寺前街2号国家音乐产业基地L座

印　　刷：	廊坊市印艺阁数字科技有限公司
开　　本：	787mm×1092mm　1/16
印　　张：	11
字　　数：	209千字
版　　次：	2024年11月　北京第1版第1次印刷
书　　号：	ISBN 978-7-104-05596-9
定　　价：	66.00元

版权专有，违者必究；如有质量问题，请与出版社联系调换。

前　言

在当今国际社会的发展进程中,体育旅游已成为旅游业中的新兴时尚潮流。体育旅游作为大众喜爱的一种生活方式,具有独特的休闲和娱乐功能。在体育旅游活动中,大众不仅能够获得深刻的体验感,还可以从中感受到体育运动的魅力。同时,可以深入领略民族风情,获得丰富的文化体验。在国际旅游市场的运营过程中,体育旅游产业已经发展为旅游消费的重要产业,并且以其为核心不断辐射带动其他相关产业。

早在19世纪国外的体育旅游便开始萌芽,经过多年的探索与积淀,国外已经形成了成熟完善的体系。这一体系的建立为全球体育旅游的发展提供了宝贵的经验和启示。首先,政府对体育旅游发展的重视程度极高,并制定了一系列具有针对性的政策。这些政策不仅为体育旅游项目提供了资金支持,还为其创造了良好的市场环境。例如,政府与体育组织、旅游机构等合作,共同推广体育旅游产品,提高其在市场上的知名度和影响力。政府还会为体育旅游企业提供税收减免、土地使用优惠等政策,鼓励其创新发展。其次,许多国家和地区将当地的体育文化与旅游资源相结合,打造具有特色的体育旅游产品。这些产品不仅吸引了体育爱好者,还吸引了大量的文化爱好者前来体验。通过体育旅游,人们可以更深入地了解当地的历史、文化和风土人情,从而增强对当地文化的兴趣。最后,许多高校和培训机构开设了体育旅游相关的专业课程,为行业培养了大量高素质的专业人才。这些人才不仅具备丰富的体育和旅游知识,还具备创新思维和实践能力。他们能够为体育旅游项目的策划、管理和运营提供有力的支持,推动行业的健康发展。

相较于国外,我国的体育旅游起步较晚,但是中央和地方政府非常重视体育旅游产业的发展。目前我国针对这一产业的发展已经出台了很多政策文件,同时很多地区制定了体育旅游业发展规划及规范,推动了地方区域内体育旅游业的发展。此外,有些地区将体育旅游产业看作地方重点产业,甚至将体育旅游产业当作地方经济发展的重要标志。如今,我国的体育旅游产业发展迅猛,但是从经济发展的层面上分析，体育旅游产业的发展并没有获得较高收益，在发展过程中仍存在一些问题。这些问题的存在打破了区域产业发展过程中的平衡，导致体育旅游资源的利用效率不高。不过，随着国际体育旅游市场竞争力逐渐增强，加快体育旅游产业的发展、扩大我国体育旅游市场的份额，已成为当今社会发展过程中需要引起重视的问题。因此，笔者重新审视了我国体育旅游产业的各方面情况，明确了我国体育旅游产业发展的良好前景，从多个视角出发探索体育旅游的发展路径，寻求解决当下我国体育旅游产业发展过程中存在问题的对策。

在本书第一章，笔者对体育旅游进行了概述，梳理了体育与体育产业、旅游与旅游产业、体育旅游及其资源、产品、项目等概念，为后续的理论研究奠定基础。分析了体育旅游的类型与特点，在对比中体现我国体育旅游发展的特点与不足及应当吸取的经验和教训。最后，回顾了国内外体育旅游的发展历程。

在本书第二章，笔者立足于社会实践，重新审视我国体育旅游各方面情况。首先，要清晰地认识到体育旅游资源的重要性。体育旅游资源是体育旅游产业赖以生存和发展的基础，是吸引游客的核心要素。没有丰富多样的体育旅游资源，体育旅游就如同无源之水、无本之木，体育旅游活动更将无从谈起，更谈不上形成一个完整、健全的产业体系。因此，笔者在第一节重点探讨了我国体育旅游资源的分布情况。然而，仅仅拥有体育旅游资源是不够的，我们还需要深入了解和掌握我国体育旅游市场的特点和我国体育旅游产业发展的影响因素。体育旅游市场是一个复杂而多元的系统，其供求关系的变化受到多种因素的影响，如政策环境、经济水平、社会文化等。只有深入了解这些因素的特点和变化规律，才能制定出科学、合理的发展战略，推动产业的健康发展。基于以上分析，笔者阐述了我国体育旅游的发展现状，从中可以发现，我国体育旅游发展取得了多项成果，但也存在区域性失衡问题。从总体上看，在肯定我国体育旅游取得较好发展成果的同时，也要看到存在的不足。此外，也可以看到我国体育旅游发展前景良好，我们要努力推动体育旅游产业发展。

在本书第三章，笔者从低碳经济的视角探讨我国体育旅游的发展。面对日益严重的环境问题，发展低碳经济已经成为世界各国的普遍共识。体育旅游产业正是体育产业、旅游产业迅速发展过程中崛起的新生力量，正在逐渐成为经济发展重要的增长极，同时体育旅游也是低碳经济中基础较好的产业，是促进旅游产业结构升级的重要力量。笔者梳理了低碳经济和低碳体育旅游的概念和理论，明确了发展低碳体育旅游产业的重要意义；分析了我国低碳体育旅游的发展现状，可以看到低碳体育旅游在发展中呈现优势和劣势皆有、机遇和危机并存的特点；论述了我国体育旅游低碳化发展的限制因素，分析了政策、技术、市场、消费意识等方面的问题；重点分析了低碳经济视角下我国体育旅游发展的策略。

在本书第四章，笔者从产业集群的视角探讨了我国体育旅游的发展。旅游产业集群，顾名思义，是指由一系列相互关联的旅游企业和相关机构在特定地理区域内形成的经济聚合体。这些企业和机构不仅包括酒店、旅行社、景区等传统旅游企业，还涵盖了体育旅游、文化旅游、生态旅游等新兴领域的企业和服务商。在这一集群中，各类企业和机构相互协作，形成一条完整的旅游产业链，通过资源共享、优势互补，共同提升整个集群的竞争力。因此在体育旅游产业的发展过程中，我们必须关注体育旅游产业集群及其竞争力问题。笔者在本章论述了体育旅游产业集群相关理论，明确了我国构建体育旅游产业集群的可行性，结合各地体育旅游发展实际，论述了我国环渤海、东南沿海、西部地区等不同区域体育旅游产业的集群化发展，探讨了产业集群视角下我国体育旅游竞争力的提升策略。

在本书第五章，笔者从全域旅游的视角探讨我国体育旅游的发展。2016年，国家旅游局全域旅游示范区工作开展标志着我国旅游业迎来了全域旅游发展的新时代。2018年国务院办公厅印发《关于促进全域旅游发展的指导意见》，标志着全域旅游上升为国家发展战略。全域旅游是体育旅游研究的一个转折点或契机——从体育旅游本身出发，将全域旅游理论、方法融入体育旅游研究中，构建体育旅游全域发展格局，必将推动体育旅游发展至新阶段。笔者阐释了全域旅游的相关理论认识，分析了全域旅游给我国体育旅游发展带来的机遇与挑战，从全空间域、全时间域、全产业域、全要素域、全管理域等维度深入研究了我国体育旅游的全域化发展模式，进一步探讨了全域旅游视角下我国体育旅游的发展路径。

在撰写本书的过程中，笔者参考了大量的学术文献，得到了许多专家学者的帮助，在此表示真诚感谢。由于笔者水平有限，书中难免有疏漏之处，希望广大同行及时指正。

蔡懿琳

2024年4月

目　录

第一章　体育旅游概述 ··· 1
　第一节　体育旅游的相关概念 ··· 2
　第二节　体育旅游的类型与特点 ··· 8
　第三节　体育旅游的发展历程 ·· 13

第二章　我国体育旅游的概况与前景 ·· 20
　第一节　我国体育旅游资源的分布 ·· 21
　第二节　我国体育旅游市场的特点 ·· 31
　第三节　我国体育旅游产业发展的影响因素 ······························· 33
　第四节　我国体育旅游的发展现状 ·· 41
　第五节　我国体育旅游的发展前景 ·· 51

第三章　低碳经济视角下我国体育旅游的发展 ······························ 59
　第一节　低碳经济与低碳体育旅游 ·· 60
　第二节　我国低碳体育旅游的发展现状 ···································· 68
　第三节　我国体育旅游低碳化发展的限制因素 ····························· 70
　第四节　低碳经济视角下我国体育旅游发展的策略 ························· 75

第四章　产业集群视角下我国体育旅游的发展 ······························ 84
　第一节　体育旅游产业集群相关理论 ······································ 85
　第二节　我国区域体育旅游产业的集群化发展 ····························· 96
　第三节　产业集群视角下我国体育旅游竞争力的提升策略 ················· 119

第五章　全域旅游视角下我国体育旅游的发展⋯⋯⋯⋯⋯⋯⋯⋯⋯⋯⋯127
　第一节　全域旅游的相关理论认识⋯⋯⋯⋯⋯⋯⋯⋯⋯⋯⋯⋯⋯⋯128
　第二节　全域旅游给我国体育旅游发展带来的机遇与挑战⋯⋯⋯⋯⋯138
　第三节　我国体育旅游的全域化发展模式⋯⋯⋯⋯⋯⋯⋯⋯⋯⋯⋯147
　第四节　全域旅游视角下我国体育旅游的发展路径⋯⋯⋯⋯⋯⋯⋯154

参考文献⋯⋯⋯⋯⋯⋯⋯⋯⋯⋯⋯⋯⋯⋯⋯⋯⋯⋯⋯⋯⋯⋯⋯⋯⋯⋯163

第一章
体育旅游概述

随着经济全球化和人们生活水平的提高,旅游行业正在经历一场前所未有的变革,而在这一变革过程中,体育旅游以其独特的魅力和多元的功能逐渐崭露头角,成为全球范围内备受瞩目的新型休闲方式。在我国,虽然体育旅游起步较晚,但是近年来已经发展为旅游业越来越重要的组成部分。在对体育旅游进行深层次的论述前,需先对其有基本的了解。本章就体育旅游进行概述,主要介绍了体育旅游的相关概念、体育旅游的类型与特点、体育旅游的发展历程。

第一节　体育旅游的相关概念

一、体育与体育产业

(一) 体育

在人类历史的长河中，体育活动始终伴随着人类的发展。从原始社会的狩猎、捕鱼等生存技能，到现代社会的足球、篮球等竞技项目，体育始终与生产生活紧密相连。随着社会的进步和科技的发展，人们开始更加注重身体健康和精神需求，体育的地位也日益凸显。如今，体育已经成为人们生活中不可或缺的一部分，它不仅增强了人们的体质，提高了人们的运动技能水平，还为人们提供了休闲娱乐的方式。值得注意的是，体育具有很多不可忽视的价值。首先，通过各种体育项目，人们可以在运动中感受生活的美好与激情。从足球场的热烈欢呼，到篮球场上的速度与激情，再到羽毛球场上的灵活与敏捷，体育让人们体验到了不同项目的魅力，丰富了人们的精神世界。其次，体育比赛中的团队合作、公平竞争、顽强拼搏等精神，也是社会文化的重要组成部分，它教会了人们团结协作、尊重规则、勇于挑战。

(二) 体育产业

在探讨体育产业的本质和定义时，国外学者大多聚焦于体育产业的经济价值。这一类的观点强调，体育产业的实质不仅仅体现在运动竞赛、健身休闲、教育培训等多元服务形态上，更深层次地，它代表着体育领域内经济活动的总和，体现了体育与经济之间的紧密联系。

自 1985 年起，体育产业正式跻身于我国第三产业的行列，这一举措不仅标志着体育领域的深刻变革，也预示了体育在国民经济发展中日益重要的地位。我国有专家认为："体育产业应该是指为社会提供体育产品的同一类经济活动的集合以及同类经济部门的综合。"①

2008 年，多名专家在结合国内外体育产业实践与理论的基础上，从统计工作的角度出发，对体育及其相关产业进行了深入的界定。他们将体育产业的概念定

---

① 蔡学俊、宋迎东：《"体育产业"与"体育事业"的逻辑学分析》，《吉林体育学院学报》2009 年第 6 期，第 4—5 页。

义为:"为社会公众提供体育服务和产品的活动,以及与这些活动有关联的活动的集合。"[1]

二、旅游与旅游产业

(一)旅游

英国旅游协会对旅游的定义揭示了其本质:旅游是人们离开日常生活和工作的环境,前往某一目的地所作的暂时移动,并在那里参与与短期逗留相关的各种活动。

1991年6月,联合国世界旅游组织(UNWTO)[2]对旅游的基本概念进行了重新界定,将旅游定义为,旅游是指人们离开平时的环境,为消遣、公务或其他目的而到外地旅行或逗留,连续时间在一年内的活动。

德国学者托斯腾·格克(Thorsten Gerke)认为,旅游是"非定居者的旅行和暂时居留而引起的现象和关系的总和"。[3]

结合上述多方观点,笔者认为,旅游不仅仅是简单的移动或空间的跨越,它更是一种复杂而深刻的社会现象和文化体验。具体而言,笔者将旅游定义为,人们出于休闲、商务或其他目的,离开常住地到外地进行短暂旅行的活动。

(二)旅游产业

随着社会经济的蓬勃发展和人民生活水平的不断提高,人们的收入日益增长,闲暇时间也随之增多。与此同时,人们的精神需求愈发强烈,寻求一种能够释放压力、放松身心的方式成为大势所趋。在这样的背景下,旅游作为一种集休闲、娱乐、文化体验于一体的活动,逐渐成为现代人满足精神需求的重要选择。旅游活动的兴盛带动了相关服务产业的发展,如酒店、餐饮、交通等。这些服务部门为了满足旅游者的需求,不断提升服务质量,创新服务模式,形成了一套完善的旅游服务体系。而随着旅游服务体系的不断完善,旅游产业逐渐形成了一个庞大的产业链。这个产业链涵盖了旅游资源的开发、旅游产品的设计、旅游服务的提供以及旅游市场的营销等多个环节。在这个过程中,各个环节之间的紧密联系和协作使得旅游产业得以快速发展,成为国民经济的重要支柱产业之一。

---

[1] 国家统计局社会和科技统计司编:《中国社会统计年鉴2008》,中国统计出版社2008年版,第414页。
[2] https://www.cice.org.cn/pubinfo/2024/01/26/500005004003012002/b95e4ff1ce9c4080829690c32cc8540e.html
[3] 〔德〕格克:《旅游广告营销》,尹倩译,东方出版社2008年版,第2页。

然而，旅游产业涉及的服务部门众多，且这些部门分属于不同的经济管理部门，导致人们对旅游产业的理解存在差异。因此，黄安民将旅游产业定义为，"以旅游资源为凭借，以旅游设施为条件，以旅游者为对象，为旅游者的旅游活动、旅游消费创造便利条件并提供其所需商品和服务的综合性产业"。① 李天元将旅游产业定义为，"以旅游消费者为服务对象，为其旅游活动的开展创造便利条件并提供其所需商品和服务的综合性产业"。② 袁美昌将其定义为，"为旅游者提供旅游产品和满足旅游者趋同性需求的相关服务行业的集群"。③

总的来说，在探讨旅游产业的本质与构成时，我们不得不从两个层面来审视：狭义与广义。从狭义的角度看，旅游产业是那些专注于满足旅游者直接旅游需求的企业的集合。在中国，这些企业主要包括旅行社、旅游饭店、旅游车船公司等，它们是旅游产业链的核心组成部分。旅行社负责策划和组织旅游线路，为游客提供个性化的旅游体验；旅游饭店则提供舒适的住宿环境，让游客在旅途中得以休息与放松；而旅游车船公司则负责将游客安全、高效地运送到目的地。这些企业共同构成了一个紧密合作的网络，为游客提供了一站式的旅游服务。不过，当我们跳出狭义的范围，从更广阔的视角来看待旅游产业时，我们会发现其内涵更为丰富和复杂。广义的旅游产业不仅包括了专门从事旅游业务的部门，还涵盖了与旅游相关的各行各业。这些行业在旅游产业的发展过程中发挥着不可或缺的作用，共同推动着旅游经济的繁荣。例如，交通运输业是旅游业的重要支撑。没有发达的交通网络，游客难以抵达遥远的旅游目的地，旅游业的发展也会受到严重制约。因此，航空公司、铁路公司、公路运输公司等交通企业都是旅游产业的重要组成部分。

三、体育旅游

体育旅游作为现代旅游业的一个重要分支，不仅为旅游市场注入了新的活力，也为体育产业的发展提供了更广阔的舞台，因此，对体育旅游概念的界定和理解，有助于我们更好地把握体育旅游的本质和发展方向。为此，很多学者都对体育旅游的概念作出了不同的界定，主要包括如下几种。

①按属加种差定义法给体育旅游下定义："所谓体育旅游，是指旅游者为了满足各种体育需求，借助于体育组织或其他中介机构进行的旅游活动。"④

---

① 黄安民主编：《休闲与旅游学概论》，机械工业出版社 2021 年版，第 112 页。
② 李天元编著：《旅游学概论》，南开大学出版社 2003 年版，第 153 页。
③ 袁美昌：《旅游通论：旅游基础理论研究》，南开大学出版社 2011 年版，第 339 页。
④ 连桂红、刘建刚：《论体育旅游及其基本特征》，《首都体育学院学报》2005 年第 3 期，第 15—16 页。

②体育旅游，指人们出于参加或观看体育活动的目的，暂时离开日常生活环境，进行的一种非商业性旅游活动。

③体育旅游，指的是旅游者在旅游过程中所从事的各种体育娱乐、健身、竞技、康复、探险和观赏体育比赛等活动。

④体育旅游是指旅游者以参加或观赏各类健身娱乐、体育竞技、体育交流等为主要目的的旅游。

综上，笔者认为，体育旅游是以观看、欣赏和参与各种体育活动为主要目的的旅行游览活动，它不仅满足了人们对体育竞技、休闲健身的追求，更在潜移默化中推动了旅游产业的创新与发展。

四、体育旅游资源

国家标准《旅游资源分类、调查与评价》（GB/T 18972—2017）中把旅游资源定义为，"自然界和人类社会凡能对旅游者产生吸引力，可以为旅游业开发利用，并可产生经济效益、社会效益和环境效益的各种事物和现象"。换言之，旅游资源就是旅游地吸引旅游者的全部因素的总和。这些因素可以是自然景观的壮美、人文景观的韵味，也可以是服务设施的完善、交通条件的便捷等。无论是大自然的鬼斧神工，还是人类智慧的结晶，只要能够吸引游客的目光，激发他们探索的欲望，都可以视为旅游资源。

体育旅游作为旅游业中的一个独特分支，不仅丰富了旅游产品的多样性，也为游客提供了全新的体验方式。在这一领域中，体育旅游资源扮演着至关重要的角色。那么，究竟什么是体育旅游资源？为何它能够激发人们的体育旅游动机，吸引他们进行体育旅游活动呢？对此，我们需要明确体育旅游资源的定义。简而言之，体育旅游资源是能够激发人们产生体育旅游动机，并吸引他们进行体育旅游活动的各种事物的总称。这里的"各种事物"并不仅仅局限于传统意义上的自然景观或人造设施，而是涵盖了自然界或人类社会中能够吸引体育旅游者的任何对象。这些对象可能是一座雄伟的山峰，为登山爱好者提供了挑战自我的舞台；也可能是一片碧波荡漾的湖泊，为水上运动爱好者提供了尽情遨游的天地。

体育旅游资源之所以重要，是因为它们能够为旅游业带来经济、社会和生态效益。因此，从经济角度来看，体育旅游资源是旅游业发展的重要支撑。通过开发体育旅游资源，可以吸引更多的游客前来旅游，从而带动当地交通、餐饮、住宿等相关产业的发展，增加就业机会，提高居民收入。同时，体育旅游资源的开发还能够促进体育产业的发展，形成体育与旅游相互促进的良性循环。从社会角度来看，体育旅游资源对于提升人们的身体素质、促进文化交流等具有积极作用。体育旅游资源不仅能够让人们在运动中享受快乐，还能够增强人们的体质，提高人们的生活质量。此外，体育旅游资源还能够促进不同地区、不同文化之间的交流与融合，增进人们的相互了解和友谊。从生态角度来看，体育旅游资源的开发也促进了人们对资源可持续利用的思考。在体育旅游资源开发过程中，无论是户外运动场地的建设，还是旅游设施的配置，都需要考虑到资源的合理利用和长期效益，这促使开发者在规划时更加注重生态平衡和环境保护，采取更加环保和可持续的方式。例如，在户外徒步旅游路线的选择中，会尽量避免对生态环境造成破坏；在旅游设施的建设中，会采用环保材料和节能技术，减少对环境的负面影响。

综上所述，体育旅游资源在旅游业中扮演着举足轻重的角色。它们不仅能够激发人们的体育旅游动机，吸引他们参加体育旅游活动，还能够为旅游业带来经济、社会和生态效益。因此，我们应该高度重视体育旅游资源的开发和利用，加强规划和管理，确保其能够得到可持续的利用和发展。

五、体育旅游产品

在市场经济中，产品不再仅仅是物质实体的代名词，它更承载着满足消费者多样化需求的重要使命。从现代市场营销的角度来看，产品不仅包括那些我们可以直接触摸、感知到的物质形态，还涵盖了那些无形却同样极具价值的服务。而旅游产品，顾名思义，是与旅游活动紧密相关的一切供给，它既有具体可感的旅游资源和设施，如风景名胜、旅游酒店、交通工具等，同时，它也包含了在旅游过程中为游客提供的各种服务，如导游解说、旅行安排、文化体验等。

从需求者即旅游者的角度来看，旅游产品并非简单的物质商品，而是旅游者为了满足其旅游欲望，而自愿投入金钱、时间乃至精力的独特经历。

从供给者角度来看，旅游产品的核心在于如何利用旅游资源和设施，为旅游者提供全方位、多层次的服务。这里的旅游资源既可以是自然的，如蓝天白云、绿水青山，也可以是人文的，如古迹名胜、民俗风情。而设施则是指为旅游者提供的各种服务设施，如酒店、餐厅、交通工具等。旅游经营者需要将这些资源和设施进行有效整合，形成独具特色的旅游产品。

体育旅游产品，作为旅游产品的一个重要分支，自然也继承了旅游产品的特质，只不过，其核心要素为体育。也就是说，所有的体育旅游产品首先是一种旅游产品，必须满足旅游的要素：离开惯常生活环境、陶冶情操、增长见识、愉悦身心。其次，体育旅游产品需具备"体育"元素：体育旅游者通过借助各种体育手段对旅游目的地的事物和事件进行直接观察或参与，从而满足体育旅游者的多层次需求。也因此，体育旅游产品同样具备实体和无形两个方面的特点。首先，体育旅游产品的实体方面，是指那些能够被人们直接感知、触摸和体验到的具体事物，主要包括体育场馆、专业设施、体育活动和赛事，以及各种纪念品等，为游客提供了丰富的参与和观赏体验。其次，体育旅游产品的无形方面，主要是指体育专业服务系统，这个系统涵盖了从游客咨询、预订、接待到后续服务的全过程，为游客提供了全方位、个性化的服务体验。

六、体育旅游项目

旅游项目是由项目的概念延伸出来的，是指在一定时间范围内，在一定的预算范围内以促进旅游目标实现而投资建设的项目。

旅游项目与一般的项目不同，它具有自身独有的特征。旅游项目的产品具有不可转移性，其市场前景具有旅游行业自身的特殊性。

值得注意的是，在探讨旅游项目时，我们不可避免地会接触到旅游产品这个概念。虽然这二者都与旅游活动息息相关，但其还是有着显著区别的。首先，我们需要明确的是，旅游产品与旅游项目的定义角度截然不同。旅游产品，作为一个经济学概念，强调的是其在市场上的经济价值和交换价值，而旅游项目是从旅游开发、运营、管理的角度定义的概念。其次，二者时间阶段不同、对象不同。旅游项目往往还处于开发阶段，是一个动态的过程，还需要经过市场调研、规划设计、资金筹措、建设施工等多个环节，才能逐步转化为成熟的旅游产品。

通过上述对旅游项目的概念分析可知，体育旅游项目是对旅游与体育两大产业深度融合的创新实践，这类项目依托丰富的体育旅游资源，通过精心策划和组织，为体育旅游者和当地居民提供了丰富多样的健身娱乐和休闲消遣服务，进而实现了经济、社会、生态环境的全面发展。从开发的视角来看，体育旅游项目可以分为观赏型体育旅游项目和体验型体育旅游项目两大类。观赏型体育旅游项目主要依托各类体育赛事和表演活动，吸引游客前来观看和参与，这类项目不仅能够展示体育运动的魅力和风采，还能为当地带来大量的旅游收入。而体验型体育旅游项目则更注重游客的参与和体验，通过提供各种户外运动和健身项目，让游客在亲身参与中感受体育运动的乐趣和激情，这类项目不仅能够满足游客多样化的旅游需求，还能促进体育产业的多元化发展。

第二节　体育旅游的类型与特点

一、体育旅游的类型

当我们谈及体育旅游时，往往会发现其内涵和外延具有多样性和复杂性的特点。这一领域的界定似乎并非一成不变，而是会随着不同的学科视角和研究目的呈现出不同的面貌。从体育学、旅游学和休闲学等多个维度出发，我们可以对体育旅游的类型进行更为细致和深入的界定。

从对体育旅游的划分来说，首要的两大类型就是自助式体育旅游和参团式体育旅游。下面就对这两类体育旅游进行分析。

（一）自助式体育旅游

自助旅游也叫"自由行"，是当今非常流行的旅游形式。要想参加自助式体育旅游，需要旅游者有一定的旅游知识和经验，如此才能更好地给自己的旅行活动安排好吃、穿、住、行、票务等事宜。自助式体育旅游又可以被细分为两种类型，具体分析如下。

1. 户外体育休闲旅游

户外体育休闲旅游是在户外环境下开展的以体育项目为主的休闲旅游活动。参加户外体育休闲的游客会获得最大的自由度，如果以不同体育项目为依据还可以再分出保健型、健身娱乐型和度假型三种类型。

（1）保健型

保健型旅游，作为一种新兴的旅游模式，不仅满足了人们对健康的追求，也为传统的旅游活动注入了新的活力。其核心理念在于，通过参与特定的保健活动，旅游者能够在享受旅行乐趣的同时，实现恢复体力、治疗疾病、强健身体等多重保健目标。保健型旅游活动带有较强的目的性。根据保健活动的形式，可以将保健型旅游分为自然保健型旅游和疗养型旅游两种。自然保健型旅游的核心在于"自然"二字，它强调在自然环境中进行旅游活动，通过接触大自然来达到保健的目的。无论是徒步穿越深山密林,还是在草原上尽情驰骋,抑或是在海边沙滩享受日光浴,这些都是自然保健型旅游的典型活动。在这些活动中,人们可以呼吸到新鲜的空气,感受到大自然的宁静与和谐,从而舒缓现代都市生活中累积的压力和焦虑情绪。而疗养型旅游活动则融合了现代医疗技术和自然条件的优势,为游客提供了更加全面和专业的健康保障。在疗养型旅游中,游客不仅可以享受到自然环境带来的舒适和宁静,还能通过电疗、针灸、按摩、药疗、水疗等医疗技术来改善身体的健康状况。

（2）健身娱乐型

健身娱乐型体育旅游是指旅游者以参加某种健身娱乐活动为形式,并以获得身心愉悦感为目标而参与的旅游活动。与其他形式的体育旅游相比,健身娱乐型体育旅游不仅将娱乐、放松和健身三者完美结合,还通过丰富多彩的体育活动和优美的自然环境,为游客提供了一个全方位、多角度的旅游体验。

（3）度假型

游客参与度假型体育旅游主要是为了消除疲劳、放松身心和缓解压力。为此,人们往往会选择远离原本居住的地方,来到环境迥异的地方,感受与众不同的生活气息。度假型体育旅游的开展时间通常是节假日,短假日如周末、清明节、劳动节、端午节、中秋节等,长假日如国庆节、春节等。

2. 自助户外竞技探险旅游

自助户外竞技探险旅游活动的特点在于能够让旅游者在活动中充分挑战自我、张扬个性、探索大自然。也正因如此,这种旅游活动备受热爱探险的旅行者的追捧。热衷参加这类旅游活动的也多是那些富有个性、喜欢无拘无束、勇于表现自我和挑战自我的人。彰显探险特征的旅游活动必然带有一定的风险性,其中自然环境是最大的未知因素,人们在活动中要通过自身的努力、知识、经验和技能"对抗"自然,克服困难,只有这样才能获得预期的旅游体验。

（二）参团式体育旅游

参团式体育旅游可细分为观赏型、参与型和竞赛型。这三种类型的参团式体育旅游各具特色,下面就分别对其进行阐述。

1. 观赏型体育旅游

观赏型体育旅游,顾名思义,是指旅游者对体育建筑场地、体育活动、体育艺术景点以及体育特色文化进行观赏体验的过程。一般来说,个人在参加观赏型体育旅游前会一次性支付给组织者费用,然后体育旅游组织者统一组织人们吃、住、行、游、观赛等。观赏型体育旅游中的活动内容及行程一经确定就具有了一定的稳定性，如果出现变动需要与旅游者协商。

观赏型体育旅游的特点为个人几乎不参与旅行组织工作，较为省心，行程安排紧凑，个人自由度较小。

2. 参与型体育旅游

参与型体育旅游是旅游者参与到某项体育活动中，并以亲身经历的形式且需消耗一定的体能，从中获得良好体验感的体育旅游活动。与观赏型体育旅游一样，参加参与型体育旅游的游客也要在旅游前一次性支付给体育旅游组织费用，然后体育旅游组织者统一组织人们吃、住、行、游、参与活动等。参与型体育旅游组织者需要在活动进行中随时为旅游者提供必要的指导、帮助及保护，而不能只是由旅游者任意自行活动。

总之，参与型体育旅游活动强调的是"参与"，这种参与不仅仅是表面上的加入，更是心灵与身体的全面投入，无论是参与滑雪、冲浪、攀岩还是骑行，游客都需要全身心地投入活动中，用自己的汗水与努力，去体验每一个动作带来的快感与成就感。此外，参与型体育旅游活动也有一些不容忽视的特点，即个人自由度较小和体能消耗较大，这是由于参与型体育旅游活动需要一定的组织性和纪律性，游客在参与活动时需要遵守一定的规则和要求，这在一定程度上限制了他们的自由，但也确保了他们的安全，同时，由于体育活动的强度较大，游客在参与过程中需要消耗大量的体能，这也让他们感到了一定的压力和疲惫。

3. 竞赛型体育旅游

竞赛型体育旅游是旅游者以参加某种体育竞赛为目的而进行的体育旅游活动。多数竞赛型体育旅游活动是以集体为单位进行的，参与其中的旅游者务必遵守活动纪律。鉴于竞赛活动的特殊性，该类体育旅游对参与者有一定的条件限制，如性别、年龄、身体状况等。在竞赛过程中，所有的参与者都必须服从组织者提出的要求。

竞赛型体育旅游的特点在于非常强调团队和纪律，行程安排紧凑，个人自由度极低，体能消耗大。

二、体育旅游的特点

体育旅游是旅游形式中的一种，它出现的时间较晚。与其他形式的旅游活动相比，体育旅游作为一种结合体育和旅游的活动，具有其独特的特点，这些特点主要表现在以下几个方面。

（一）体验性强

休闲时代早已来到人们的生活中，而世界的主要经济形态也向着体验型经济过渡，这使得旅游业也需要向体验型旅游的方向发展，即注重旅游者的旅行体验。传统旅游形式总给人一种走马观花的感觉，特别是组团旅行更是如此，这种旅游实际上并没有展现太多旅游的本质意义。真正的旅游需要旅游者亲身参与到各种活动中，以获得身心体验为目的。

旅游本身就是一种充满探索与发现的体验性极强的活动，它不仅是对外界风景的欣赏，更是对内心世界的丰富和充实。在这样的背景下，体育旅游作为一种新兴的旅游形式，更是将这种体验性推向了新的高度。要想在体育旅游中获得更好的体验，就必然需要依托优质的体育旅游资源，只有依托这些资源，体育旅游者才能体验到健身、娱乐、休闲、交际等各种服务内容，才能获得身心的良好感受。

（二）消费性强

依据体育旅游的定义，可知体育旅游者需要为所参与的活动支付一定的费用。与传统观光度假型旅游活动相比，旅游者为体育旅游支付的费用平均额度往往更高。之所以参加体育旅游活动的费用普遍较高，主要与下列几个原因有关。

①为了更好地参加体育旅游活动，在此之前必定需要掌握一定的活动技能。为此，就需要参加相关培训和学习，此时就已经开始为参与体育旅游活动间接消费了。

②一些体育旅游项目具有较强的专业性，再加上旅游者对时尚的追求，使得他们需要为专业的运动服饰和装备支付一定的费用，这一部分费用的数额也往往较大。

③旅游者所参加的体育旅游活动需要配备专业的带队人员，这些人员并非普通的导游，他们也是经过精心培养和仔细筛选的，因此，雇佣这样的人员自然费用不菲。

④体育旅游是有一定的风险性的，因此，旅游者需要为确保安全支付一定费用。这些费用普遍用于购买安全防护装备以及人身意外保险等。

（三）地域性强

体育旅游行业的发展与相应的体育旅游资源是紧密相关的。研究发现，体育旅游资源的分布普遍带有地域性特点，也就使得体育旅游活动具有了地域性的特点。

以我国一些体育旅游项目为例,要想体验到高质量的水上项目、冰雪项目、沙漠项目、丛林项目等,就需要前往我国的南方沿海地区、东北地区、西北地区或西南地区。一般来说,凡是热衷参加体育旅游活动的旅游者往往对体育旅游项目的体验有较高的要求。为此,他们不惜来到很远的地方寻求高质量的体育旅游体验,而一旦认可某个地方后,他们可能会定期多次来到此地参与活动。

(四)风险性较大

风险性是体育活动的基本特征之一,这对于体育旅游活动来说也是一样的。实际上,也正因体育旅游活动具有风险性的特点,才使得人们对它着迷,当然,人们并不是为了体验这些风险而来,保障安全是参加体育旅游活动的前提。

体育旅游中的一些项目需要人们挑战自我和超越极限,如骑马、徒步、野营、登山、自驾游、探险、潜水、漂流或速降等。不难发现,这些活动都或多或少存在着风险,有些企业甚至利用风险吸引人们参与其中。现实中也的确发生过多人在参加风险性较大的体育旅游活动中遇险的事情,有些人甚至因此丧命。

需要说明的是,尽管对一些体育旅游项目的风险做了很多评估和预案,但仍旧无法完全避免意外事故的发生,这是因为,体育旅游中所面临的风险,既有不可抗拒的自然因素,也有人为因素。首先,自然因素无疑是体育旅游中最难以预测和掌控的风险源。天气、地形地貌的复杂性以及自然灾害的突然发生,都可能对体育旅游活动造成严重影响。例如,在户外攀岩活动中,突如其来的暴雨可能导致山体滑坡或洪水,使得原本安全的攀爬路线变得异常危险;在海洋冲浪中,海上风浪的突然变化也可能让经验丰富的冲浪者难以应对,处境危险。这些自然因素带来的风险,我们虽然无法改变,但可以通过提前了解天气情况、选择合适的活动时间和地点等方式,来降低风险发生的可能性。其次,与自然因素相比,人为因素往往更加复杂且难以掌控。人为因素包括参与者的安全意识、技能水平、心理状态等方面。在体育旅游中,参与者是活动的主体,他们的行为直接影响到整个活动的安全性,例如,在一些极限运动中,如果参与者缺乏必要的技能和经验,或者对安全规则视而不见,那么即使是最小的疏忽也可能导致严重的后果。此外,组织者、教练和救援人员的专业能力和责任心,也是影响体育旅游安全性的关键因素。不过,面对这些复杂多变的风险因素,我们不能因噎废食、止步不前。相反,我们应该以积极的态度去应对挑战,采取更加科学、全面和有效的措施来防控风险、减少隐患。

（五）回头率高

传统旅游主要是以观光自然景观和人文景观为主，这些内容有一定的稳定性，即不会在短期内发生太大变化。这就使得这种旅游活动在经历过一次后，其价值就会大打折扣，有些景点甚至一生只来一次即可。相比之下，体育旅游则完全不同。体育旅游者总是以自身的喜爱为出发点，反复参加、乐此不疲，由此就使得体育旅游具有了游客回头率较高的特点。例如，登山、远足、滑雪等体育旅游项目就非常典型，热爱这些运动项目的人通常会在一定时期内反复前往条件良好的地区参与这些项目，同一景区的体育旅游项目的回头客也有很多。

（六）技能专业要求高

如果旅游者参加的是传统旅游，那么不需要他们具备什么样的技能，旅游主要以观看和感受为主。体育旅游则没有这么简单，它往往需要旅游者具备某些特定的运动技能，以及足以支撑这些项目的体能，如登山、攀岩、溪降等。除此之外，体育旅游甚至还需要旅游者具备专业知识，配备专业运动设备以及运动专业技术人员等。可以说，只有当各方面都达到一定的专业要求后才能顺利开展体育旅游活动，否则难以开展，或是开展起来极不顺畅。

第三节　体育旅游的发展历程

在人类历史的长河中，旅游活动始终扮演着不可或缺的角色。从古至今，人们或出于好奇，或为了探索，抑或单纯为了放松心情，总是不断踏上旅程，寻找那未知的远方。而在这一过程中，体育旅游作为一种特殊的旅游形式，其兴起与发展与人类旅游活动的发展息息相关，彼此间互为依存，相互促进。

一、国外体育旅游的发展历程

（一）起步阶段

体育旅游，这一融合了体育与旅游两大元素的现代概念，其历史可追溯到遥远的古希腊时代。公元前 776 年，那时的人类社会文明虽不如今天这样高度发达，但体育旅游的概念已在古代奥林匹克运动会（以下简称古代奥运会）上萌芽，为世界留下了珍贵的文化遗产。奥林匹克运动会的起源，既是一种宗教仪式的体现，也是古希腊城邦间政治、经济、文化交流的重要平台。古代奥运会从公元前776年起到公元394年止，经历了一千多年。在那时，人们为了一睹运动员的风采，感受运动的魅力，不远万里，跋山涉水，通过陆路、海路等不同的交通方式，纷纷涌向同一个目的地——奥林匹亚，他们在运动会期间几乎放下了手中的一切事务，全身心投入这场体育的盛宴之中。

值得注意的是，古代奥运会中的旅游行为，被赋予了政治属性。各城邦之间通过体育竞技的形式，展示自己的实力与文化，从而在无形中加强了不同种族、不同文化间的紧密联系。正如现代体育旅游所强调的文化交流与融合，古代奥运会也是如此，它通过体育竞技的方式，把来自各地的人们聚集在一起，共同分享运动的快乐，感受文化的魅力。

自16世纪起，随着人类社会技术的不断革新，人们的出行方式也发生了变化，这为体育旅游的兴起与发展奠定了坚实的基础。在这一时期，欧洲皇室旅游在推动体育旅游发展中扮演了重要角色。作为当时社会的精英阶层，欧洲皇室对体育旅游的热情和对豪华的追求，促进了体育旅游基础设施的建设和体育旅游服务的提升。他们设计了专门的旅游路线，将各地的自然景观、文化遗产和体育设施串联起来，形成了完整的体育旅游网络。更重要的是，皇室旅游为旅游的商业化和市场化奠定了基础，使旅游不再是少数人的特权活动，而逐渐开始走向大众。

（二）发展时期

工业革命后国外体育旅游正式进入发展阶段。

在19世纪以前，体育活动和旅游往往被视为两种截然不同的生活方式。体育活动更多地被局限于地方的比赛和锻炼，而旅游则是少数富有者的奢侈享受。这两者之间的隔阂，在很大程度上是由当时落后的交通工具和昂贵的道路建设成本所决定的。然而，随着时代的演进，特别是铁路的出现，这一局面得到了改变。

铁路的建设是第一次工业革命的重要标志之一。在英国，铁路的快速发展不仅极大地推动了工业化的进程，也深刻影响了人们的生活方式，使得长途出行变得更加便捷和经济，普通人也有了更多的旅行机会。同时，铁路的普及也对体育旅游的发展产生了深远的影响。以往，由于交通的限制，体育比赛往往只能吸引附近的观众，而远程的参与者则需要承担巨大的旅行成本和时间成本。但随着铁路的开通，人们可以更加方便地前往其他城市观看比赛，体育活动的范围也因此得到了极大的扩展。不仅如此，铁路的兴起还推动了全国性体育竞技比赛的发展。各地的体育团队可以通过铁路迅速集结，进行更高水平的比赛和交流，这不仅提高了体育竞技的水平，也丰富了人们的文化生活，进一步促进了体育旅游的发展。

（三）繁荣阶段

20 世纪后国外体育旅游进入繁荣阶段。

体育旅游的发展，离不开社会经济的发展和人们生活水平的提高。20 世纪初，随着带薪休假运动和法案的推进，工薪阶层普遍享受到了带薪假期，这为人们提供了更多休闲度假的时间。同时，国际体育赛事的蓬勃发展，以及交通条件改善（尤其是汽车和飞机的普及），也促进了体育旅游的繁荣。无论是奥运会，还是足球世界杯，这些国际性的体育赛事都吸引了数以亿计的观众和运动员参与。这些活动的增加，不仅使得运动员和观众人数剧增，更重要的是，它们促进了旅游与体育活动的结合，使得越来越多的人前往世界各地参与或观看各类比赛，并迅速成为时尚潮流。

值得注意的是，在 20 世纪末，许多国家都意识到了举办大型体育赛事在吸引游客、促进经济繁荣上的巨大潜力。因此，各国纷纷申办奥运会、世界杯等重大赛事，希望借此机会展现国家的风采，同时也为经济发展带来新的机遇。以韩国的平昌为例，2018 年冬季奥运会的成功举办，不仅让全世界看到了韩国在冰雪运动方面的实力，更带动了当地体育旅游业的发展。游客们纷纷涌入平昌，感受冬奥会的氛围，同时享受韩国独特的文化和美食。这样的例子不胜枚举，每一次大型体育赛事的举办，都是对城市旅游和经济发展的巨大推动。

与此同时，旅游和体育部门的合作也日益紧密。早在 1999 年，联合国旅游组织和国际奥林匹克委员会（IOC）就开始在体育和旅游领域开展合作，共同探索体育旅游的发展潜力。这种跨领域的合作，不仅为体育和旅游业的融合提供了更多的可能性，更为各国政府提供了宝贵的经验借鉴。

进入 21 世纪，经济全球化的步伐日益加快，旅游业和体育产业这两个充满活力和潜力的领域，在欧洲大地上碰撞出了耀眼的火花。这一时期，欧洲各国的旅游设施条件得到了空前的改善，无论是交通网络、住宿条件，还是旅游景点的基础设施都愈发完善，形成了完整的产业链。欧洲体育赛事频繁，尤其是汇集了全球高水平足球队的赛事，这些赛事作为重要的体育旅游资源，促进了国际体育旅游的发展。2018 年，全球最大的在线旅游公司亿客行集团与欧洲足球协会联盟

（以下简称欧足联）达成协议，成为欧洲冠军联赛的官方旅游合作伙伴，在赞助期间推出一系列品牌活动，为世界各地的球迷带来旅行的力量。2021年，亿客行集团与欧足联延长了一年合作协议，2023年，该集团又与欧足联续签了两份新协议，推出欧洲旅游中心，帮助球迷前往比赛现场，预订酒店，并帮助球迷获得城市指南。国家旅游部门也积极与著名球队合作，推动体育旅游产业的发展。2018年，卢旺达发展委员会（RDB）在英格兰足球超级联赛（以下简称英超）阿森纳队的衣袖上印刷"Visit Rwanda（游玩卢旺达）"，号召球迷将卢旺达作为旅游目的地。2021年，卢旺达发展委员会与阿森纳续约至2025年。

二、我国体育旅游的发展历程

作为世界上的人口大国以及文化底蕴最深厚的国家之一，我国体育旅游产业的发展备受瞩目。为了更清晰地描述我国体育旅游发展的脉络，将其发展历程划分为以下四个阶段。

（一）萌芽阶段（1985年以前）

我国体育旅游的发展历史极为漫长。自远古时期起，我们的祖先为了生存而与自然进行斗争，狩猎活动便成了他们生活中不可或缺的一部分，这些原始的狩猎活动可看作体育旅游的最初形态。随着社会的发展，狩猎活动逐渐演变成了贵族阶层的一种健身和享乐方式。他们不仅通过狩猎活动来放松身心，还借此来展示自己的英勇和力量。在这个过程中，狩猎活动被赋予了更多的文化内涵，形成了具有中国特色的游猎文化。到了近代，随着交通的便利和社会的进一步开放，体育旅游逐渐在更广泛的范围内展开。一些有远见的先驱者，开始尝试将体育运动与旅游相结合，以此来探索新的旅游方式和文化体验。以潘德明为代表的"中国青年亚细亚步行团"便是其中的佼佼者，他们在1930年通过步行的方式穿越了数十个国家和地区，用双脚丈量世界，不仅实现了自己的旅行目的，也为后人树立了榜样，促进了体育旅游的发展。

在中华文明漫长的发展过程中，体育活动和旅游活动都是不可或缺的。然而，当我们将这两者结合起来，探讨"体育旅游"这一概念时，必须明确一个核心论点，那就是无论是原始社会人们的求生活动还是阶级社会贵族阶层的享乐活动，都不能算是真正意义上的体育旅游，这是因为，这些活动虽然包含了身体活动和地理位置的移动，但缺乏现代体育旅游所具备的多重特征和内涵。

（二）起步阶段（1985—1994年）

1985年，西藏国际体育旅游公司的成立，无疑在我国体育旅游产业的发展史上书写了浓墨重彩的一笔。这一事件，标志着我国体育旅游产业正式进入了起步阶段。回首过往，我们不难发现，这一时期的体育旅游发展并非一帆风顺，而是伴随着改革开放的春风，逐步摸索，再发展壮大。

自1978年改革开放以来，我国的旅游产业迎来了前所未有的发展机遇。为了迎接海内外游客，各地纷纷投入巨资，建设星级宾馆，改善交通基础设施条件。这些举措为旅游业的蓬勃发展奠定了坚实的基础，也为体育旅游产业的崛起创造了有利条件。然而，在起步阶段，体育旅游并未形成独立的产业形态。在早期，许多体育旅游公司的主营业务仍然是普通旅游，体育旅游项目相对较少。这主要受制于当时的经济水平和国民消费观念。在那个年代，旅游普遍被视为一种奢侈品，而体育旅游更是被视为高端消费，难以普及。随着时代的变迁，尤其是进入20世纪90年代后，我国经济水平显著提高，国民生活不断改善。与此同时，休假制度的改革也为人们提供了更多的休闲时间。这些因素共同推动了国内旅游需求的迅速增长。在这一背景下，体育旅游以其独特的娱乐性和刺激性，开始受到越来越多游客的青睐。与此同时，体育旅游产业的快速发展也带动了相关产业链，如体育用品、旅游设施、交通运输等的蓬勃发展。

（三）缓慢发展阶段（1995—2008年）

1995年是中国体育旅游产业发展的重要一年。这一年，时任国家体育委员会副主任的张发强做了《关于体育旅游业的几个问题》的报告，这不仅是中国体育界首次将体育旅游作为一个独立的产业进行研究和探讨，更标志着体育旅游在中国开始受到广泛关注。在这份报告中，张发强深入探讨了体育与旅游的关系、体育旅游与健身的关系等核心问题，为中国体育旅游产业的发展奠定了理论基础。

在随后的几年里，中国体育旅游产业进入了一个初步的实践探索阶段。尤其是在2000年悉尼奥运会期间，中国旅游行业敏锐地捕捉到了体育旅游的商机，开始大规模组织国内游客前往悉尼参加奥运会进行观摩和体验。这不仅为中国旅游行业带来了新的增长点，更为体育旅游产业的发展积累了宝贵的经验。

到了2008年，北京奥运会的成功举办为中国体育旅游产业带来了前所未有的发展机遇。这一年，中国推出了"中国奥运旅游年"活动，通过大规模的宣传和组织，吸引了大量国内外游客前来北京体验奥运文化、参与体育旅游活动。这一活动不仅有效推动了我国体育旅游产业的快速成长，也为中国体育旅游产业树立了良好的国际形象。

（四）快速发展阶段（2009年至今）

自2009年12月1日国务院下发《国务院关于加快发展旅游业的意见》（国发〔2009〕41号）以来，中国体育旅游产业融合发展措施逐步加强，显示了政府对促进体育与旅游结合的重视。这一系列政策措施的出台，不仅是对体育旅游潜力的认可，更是为了推动经济转型、促进地方经济发展、提升国民生活质量而采取的重要举措。此后，2014年10月20日，我国发布了《关于加快发展体育产业促进体育消费的若干意见》，进一步加强了对体育旅游的支持。该意见提出了跨区域连锁经营和市场开发等措施，旨在打破地域限制，促进体育旅游产品的互联互通，推动区域体育旅游资源的整合和共享。这一政策的实施，有效促进了体育旅游产业链的延伸和完善，提升了体育旅游的市场竞争力和吸引力。再之后，2023年11月13日，文化和旅游部印发《国内旅游提升计划（2023—2025年）》，强调促进旅游新业态有序发展。推进"旅游+"和"+旅游"，促进旅游与文化、体育、农业、交通、商业、工业、航天等领域深度融合。

在这些政策的助推下，我国的体育旅游业迎来了前所未有的发展机遇，展现出了蓬勃的生命力。下面将从三个方面详细阐述我国体育旅游业取得的显著进步。

第一，体育旅游从业机构不断涌现。在国家政策的有力支持下，各地的体育旅游从业机构如雨后春笋般涌现。从最初的体育旅行社，到现在的体育俱乐部、户外运动基地等，体育旅游产业链日益完善。我国体育旅游相关企业，"2019年新增5.15万家，2020年新增10.46万家，2021年新增23.39万家，2022年新增6.12万家"①，2023年新增9.21万家②。

第二，体育旅游产业所带来的经济效益和社会效益显著提升。在经济效益方面，体育旅游直接促进了消费、带动了就业、增加了税收，对国民经济的增长贡献突出。在社会效益方面，体育旅游提高了人们的健康水平、丰富了人们的精神生活、增强了人们的凝聚力，对社会稳定和发展具有积极意义。"2024年元旦假期，哈尔滨文旅市场持续火爆。据哈尔滨市文化广电和旅游局提供的大数据测算，截至元旦假期第3天，哈尔滨市累计接待游客304.79万人次，实现旅游总收入

---

① 林章林：《我国体育旅游的发展历程、现实困境与对策建议》，《体育科研》2023年第6期，第13—19页。
② 参考以"体育旅企业"为关键词，选取2023年1月1日至2023年12月31日成立的企业相关数据。

59.14亿元人民币。游客接待量与旅游总收入达到历史峰值。"[1]

第三，体育旅游产品体系的日趋完善。在体育旅游业快速发展的同时，产品体系也在不断丰富和完善。从传统的观光型体育旅游，到现在的体验型、参与型、竞技型等多种形式的体育旅游，产品种类日益多样化。这些产品不仅满足了不同人群的需求，也推动了体育旅游产业的创新和发展。例如，近年来兴起的户外探险旅游，让人们可以在大自然的怀抱中体验极限运动的刺激和乐趣。这种旅游方式不仅磨炼了人们的意志，强健了人们的体魄，还让人们更加深入地了解了大自然的奥秘和美景。

---

[1] 中国旅游新闻网：《304.79万人次，59.14亿元！元旦假期，哈尔滨旅游达到"历史峰值"》（https://wlt.hlj.gov.cn/wlt/c114212/202401/c00_31699542.shtml）。

第二章
我国体育旅游的概况与前景

在经济全球化的大背景下,体育旅游产业已成为推动经济增长、促进文化交流的重要力量。相较于体育旅游产业发达的国家和地区,我国的起步显然晚了许多,体育旅游业不管在发展程度还是影响力上在一定程度上都仍处于追赶态势。然而,当我们回首过往,不难发现,虽然起点低,但我国体育旅游产业的发展速度却是惊人的,这与我国所拥有的丰富的体育旅游资源是分不开的,与国内庞大的体育旅游需求市场是分不开的。目前我国的体育旅游产业取得了一些成果,同时也存在一些问题,但是其未来发展前景广阔。为了切实推动我国体育旅游产业发展,必须对我国体育旅游重新审视,掌握我国体育旅游资源的分布、体育旅游市场的特点、体育旅游产业发展的影响因素与发展现状和前景等内容。

第一节 我国体育旅游资源的分布

我国地大物博,丰富的自然与人文旅游资源都可供开展体育活动。随着近年来我国体育事业的不断发展,我国的体育文化与体育项目也获得了较快的发展,这也为体育旅游活动的开展奠定了良好的基础。

一、体育旅游自然资源的分布

(一)体育旅游山体资源的分布

我国山体资源丰富,可依托多彩地貌开展徒步、登山、观光、探险等体育旅游活动。表 2-1 为当前我国体育旅游山体资源的分布情况。

表 2-1 当前我国体育旅游部分山体资源的分布情况

省(自治区、直辖市)	体育旅游山体资源
北京	灵山、香山、百花山、海坨山
河南	嵩山、石人山、鸡公山
河北	雾灵山、苍岩山、碣石山
山东	泰山、崂山、蒙山、千佛山
山西	恒山、五台山
陕西	华山
甘肃	大雪山、冷龙岭、七一冰川
青海	阿尼玛卿、年保玉则、玉珠峰、岗什卡雪峰
西藏	启孜峰、珠穆朗玛峰
新疆	托木尔峰、公格尔峰、博格达峰、慕士塔格峰、公格尔九别峰、雪莲峰、慕士山
内蒙古	九峰山、巴林喇嘛山
吉林	长白山
辽宁	千山
湖南	衡山、武陵源、九嶷山

续表

省（自治区、直辖市）	体育旅游山体资源
湖北	武当山、九宫山
四川	四姑娘山、贡嘎山、峨眉山、青城山
安徽	九华山、黄山、琅琊山、八公山
江西	庐山、青原山、龙虎山、井冈山
浙江	雁荡山、普陀山、天台山、莫干山
云南	玉龙雪山
广东	鼎湖山、罗浮山、丹霞山
福建	武夷山
台湾	阿里山

（二）体育旅游水体资源的分布

我国拥有丰富的江、河、湖、海等水体资源。据不完全统计，我国有大小湖泊两万多个，各类泉就有十万多眼，瀑布也有很多。这些水体资源为我国开展水上和水下体育旅游活动提供了良好的条件。

目前，我国依托水体资源开发较多的体育旅游活动是游泳、漂流、龙舟以及水源疗养地的休闲体育旅游。近年来，我国新兴的水上体育旅游主要是冲浪、滨海度假游、游轮休闲游。此外，还有能为体育旅游者提供潜水的水下体育旅游。

表 2-2 为我国体育旅游水体资源的分布情况。

表 2-2 我国体育旅游水体资源的分布情况

体育旅游水体资源类型	分布区域
江海	辽宁大连金石滩 河北北戴河、南戴河 山东烟台金沙滩、乳山银滩 上海南汇滨海 广东阳江海陵岛 广西北海银滩 海南三亚天涯海角

续表

体育旅游水体资源类型	分布区域
河流	黑龙江沾河、伊春河、汤旺河、黑龙江 新疆叶尔羌河、塔里木河、和田河 长江三峡 四川都江堰 湖南猛洞河、茅岩河、郴州东河 广西桂林山水、漓江、资江、融水贝江等
湖泊	北京十三陵水库 黑龙江镜泊湖、五大连池 新疆天山天池、赛里木湖、哈纳斯湖 青海青海湖 安徽新安江水库 江苏太湖 湖南洞庭湖 江西鄱阳湖 福建闽湖 云南洱海、滇池
瀑布	吉林长白山瀑布 陕西、山西两省交界的壶口瀑布 安徽天柱山瀑布群 浙江雁荡山瀑布群 四川九寨沟瀑布群 江西庐山瀑布群 贵州黄果树瀑布
泉水	北京玉泉山泉、小汤山温泉 山东济南泉群 西安华清池 杭州西湖虎跑泉 江西庐山聪明泉 广东从化温泉

（三）体育旅游溶洞资源的分布

我国山水资源丰富，因此我国也拥有了丰富的溶洞资源，这些溶洞资源不仅是大自然历经亿万年演变留下的地质奇迹，也是支撑我国体育旅游产业持续繁荣的天然宝库。它们的存在为洞穴探险爱好者和体育摄影爱好者提供了一个充满挑战与惊喜的乐园。当前，我国已经开放的洞穴约有 300 处，大都具有较高的旅游价值。表 2-3 为我国比较著名的体育旅游溶洞资源的分布情况。

表 2-3　我国比较著名的体育旅游溶洞资源的分布情况

省（自治区、直辖市）	体育旅游溶洞资源
北京	房山石花洞
辽宁	本溪水洞
河北	临城崆山白云洞
浙江	桐庐瑶琳仙境
重庆	武隆芙蓉洞
贵州	安顺龙宫
广西	桂林七星岩、芦笛岩、冠岩、荔浦丰鱼岩

（四）体育旅游沙漠资源的分布

在我国广袤的土地上，沙漠分布较广，约 70 万平方千米，沙漠的存在虽然给人们的生产生活带来了不便，但也促进了当地沙漠旅游业的发展，对于一些热衷于挑战自我与探险的体育旅游者来说，沙漠徒步、沙漠探险则是非常好的选择。

表 2-4 为我国已被开发的具有体育旅游价值的沙漠资源。

表 2-4　我国已被开发的体育旅游沙漠旅游资源的分布情况

地区	体育旅游沙漠旅游资源
新疆	塔克拉玛干沙漠
甘肃	敦煌玉门关、阳关沙漠
宁夏	中卫沙坡头
陕西	榆林毛乌素沙漠（沿古长城）
内蒙古	科尔沁沙地、巴丹吉林沙漠、库布其沙漠、包头响沙湾

（五）体育旅游生物资源的分布

我国幅员辽阔，地形复杂，气候多样，动植物具有多样性的特点。我国境内有种子植物 300 个科、2980 个属、24600 个种，生物资源非常丰富。

我国先后设立了多个自然保护区，这些自然保护区的建立与建设不仅保护了我国丰富的生物资源，也有助于人们开展丰富多彩的体育旅游活动。

新时代，我国重视体育事业的发展，重视人民群众健康水平的提高，因此我国依托丰富的体育旅游资源建设了多个旅游示范点、旅游区、森林公园，为广大人民群众的体育健身活动和体育旅游活动的开展奠定了良好的基础。

表 2-5 为我国著名的自然保护区的分布情况。

表 2-5　我国著名的自然保护区的分布情况

地区	自然保护区
黑龙江	五大连池自然保护区、丰林自然保护区、兴凯湖自然保护区
吉林	长白山自然保护区
内蒙古	锡林郭勒草原自然保护区、达赉湖自然保护区、赛罕乌拉自然保护区
新疆	西天山自然保护区
甘肃	白水江自然保护区
陕西	佛坪自然保护区
河南	宝天曼自然保护区
浙江	南麂列岛自然保护区、天目山自然保护区
江苏	盐城湿地珍禽自然保护区
湖北	神农架自然保护区
四川	卧龙自然保护区、九寨沟自然保护区、亚丁自然保护区、黄龙寺自然保护区
贵州	茂兰自然保护区
西藏	珠穆朗玛峰自然保护区
云南	西双版纳自然保护区、高黎贡山自然保护区
广东	鼎湖山自然保护区、车八岭自然保护区
广西	山口红树林自然保护区
福建	君子峰自然保护区、武夷山自然保护区

二、体育旅游人文资源的分布

（一）一般文化建筑资源的分布

我国历史悠久，古迹众多，人文资源内容和类型都非常丰富。从全国范围内来看，各个地区基本都有历史悠久的文化建筑，一些地区的著名文化建筑还具有聚集性，有较大的旅游吸引力。

表 2-6 为我国体育旅游重点人文资源的分布情况。

表 2-6　我国体育旅游重点人文资源的分布情况

分类	地区	人文资源
古陵墓类	北京	昌平区明十三陵
	河北	遵化市清东陵、易县清西陵
	浙江	杭州市岳王庙
	陕西	黄陵县黄帝陵、临潼秦始皇陵、兴平市汉武帝茂陵、霍去病墓
宗教类	北京	西城区白云观
	山东	济南市灵岩寺
	河南	洛阳市白马寺
	陕西	宝鸡市法门寺、周至县楼观台
	青海	湟中县塔尔寺
	西藏	大昭寺、扎什伦布寺、萨迦寺
	云南	昆明市筇竹寺
	广东	广州市光孝寺
	湖北	当阳市玉泉寺
	江苏	南京市栖霞寺
	浙江	天台山国清寺
石窟寺类	甘肃	敦煌莫高窟
	新疆	拜城县克孜尔千佛洞
	山西	大同市云冈石窟
	河南	洛阳市龙门石窟
	重庆	大足区大足石刻
园林建筑类	古代三大建筑群：北京故宫、河北承德避暑山庄及其周围寺庙、山东曲阜孔庙、孔府、孔林	
	四大名楼：湖南岳阳楼、湖北黄鹤楼、江西滕王阁、山西鹳雀楼	
	古代园林：北京园林、江苏苏州园林、无锡园林、扬州园林	

（二）体育赛事场馆场地的分布

近年来，我国在体育事业上展现了前所未有的决心，为这一古老而又现代的领域注入了新的活力和强劲动力。国家层面对体育的扶持可谓不遗余力，从政策制定到资源调配，都显示出对体育事业的高度重视。截至2023年12月31日，"全国体育场地459.27万个，体育场地面积40.71亿平方米，全国人均体育场地面积2.89平方米"。[①] 总体来看，我国体育场馆和场地资源丰富。近年来，随着我国全民健身事业的不断推进，国家正在不断推进体育基础设施建设，人均体育场馆面积正在不断增加。

从举办体育赛事的角度来看，我国专业体育场馆、场地的逐渐增多与不断完善，正成为推动体育赛事专业化、国际化的重要力量，同时也为我国体育旅游产业的蓬勃发展注入了新的活力。

表2-7为2023年我国体育场地发展水平各指标值。

表2-7　2023年我国体育场地发展水平各指标值[②]

指标		指标值
综合指标	人均体育场地面积	2.89平方米
	体育场地数量	459.27万个
基础运动场地	田径场地	20.76万个
	游泳场地	4.02万个
球类运动场地	足球场地	14.87万个
	篮球场地	117.64万个
	排球场地	11.04万个
	乒乓球场地	101.49万个
	羽毛球场地	27.79万个
冰雪运动场地	滑冰场地	1912个
	滑雪场地	935个
体育健身场地	全民健身路径	105.22万个
	健身房	15.55万个
	健身步道	15.28/37.10万个/万千米

---

① 国家体育总局：《2023年全国体育场地统计调查数据》（https://www.sport.gov.cn/gdnps/content.jsp?id=27549759）。
② 国家体育总局：《2023年全国体育场地统计调查数据》（https://www.sport.gov.cn/gdnps/content.jsp?id=27549759）。

表 2-8 为容量在 54000 人以上的著名大型体育场馆的分布情况。

表 2-8　容量在 54000 人以上的著名大型体育场馆的分布情况

地区	大型体育场馆
北京	国家体育场、工人体育场
天津	天津奥体中心体育场
山东	青岛市民健身中心体育场、济南奥体中心体育场
山西	山西体育中心体育场
河南	郑州奥体中心体育场
陕西	西安奥体中心体育场、西安国际足球中心
甘肃	兰州奥体中心体育场
内蒙古	鄂尔多斯体育中心体育场
辽宁	沈阳奥体中心体育场、大连梭鱼湾足球场、大连体育中心体育场
浙江	杭州奥体中心体育场、黄龙体育中心体育场
安徽	合肥奥体中心体育场
江苏	南京奥体中心体育场
上海	上海体育场
湖南	贺龙体育馆
四川	成都体育中心体育场
重庆	龙兴足球场、重庆奥体中心体育场
广东	广东奥体中心体育场、深圳大运中心体育场、天河体育中心体育场
广西	广西体育中心体育场
福建	厦门白鹭体育场、海峡奥体中心体育场
台湾	高雄龙腾体育场

（三）大型体育赛事活动的分布

近年来，我国体育事业获得了较快的发展，群众的体育意识不断增强，体育参与热情高涨，社会大众对体育运动的关注在收看体育赛事方面表现明显，我国体育赛事创收为我国国民经济的发展贡献了相当一部分力量。因此，能够极大地吸引体育运动爱好者的大型体育赛事也是一种非常重要的体育旅游资源。

2008 年，我国成功举办了令世人瞩目的第 29 届夏季奥运会。因为这场赛事，我国外地来北京的游客、境外来我国的游客，与往年相比都大大增多。

2022年，我国举办了北京冬奥会。由于冬奥会的举办，我国的冰雪体育旅游人数不断增多。我国北方地区拥有丰富的冰雪旅游资源，参加冰雪文化节的旅游人数在逐年增长，我国南方地区也开始出现一些室内的滑雪场。2022年冬奥会的成功举办不仅实现了带动3亿人参与冰雪运动的目标，还带来了新一轮的冰雪旅游热潮。

"双奥之城"北京还举办过世界田径锦标赛、有"国马"之称的北京马拉松、中国网球公开赛、国际滑联短道速滑和花样滑冰大奖赛、国际雪联大跳台世界杯等大型体育赛事。除了北京，举办过国际国内大型体育赛事的城市还有很多，如上海，举办过特奥会、全运会等综合性大赛，还有亚洲唯一的ATP（职业网球联合会）1000网球大师赛，上海超级杯，斯诺克大师赛、电竞大师赛，还有在中国仅有两站的世界田联白金标马拉松赛事之一的上海马拉松等；广州，举办了两届全运会、一届亚运会、首届女足世界杯、羽毛球和乒乓球顶级赛事等；杭州，举办过第19届亚运会、女排世俱杯以及世界羽联世界巡回赛总决赛等；成都，举办过世界大学生运动会、世乒赛团体赛、乒乓球混合团体世界杯等。还有深圳、南京、南宁、哈尔滨、青岛等城市也都举办过重大国际赛事。

（四）民族体育文化与项目的分布

我国民族众多，不同的民族在其长期的发展过程中形成了丰富的民族体育文化。我国丰富多彩的民族传统体育项目与各民族的民俗风情、地域风光为我国各族人民开展民族体育旅游活动奠定了基础。

表2-9为我国部分民族传统体育活动项目。

表2-9 我国部分民族传统体育活动项目

民族	民族传统体育项目
纳西族	赛马、丽江球、秋千、摔跤、射箭、东巴跳、东巴武术等
布朗族	武术、布朗舞、打竹球、"斗鸡"等
傣族	赛龙舟、打篾弹弓、陀螺、放高升、踢藤球、丢包、赛象脚鼓、堆沙、武术等
瑶族	武术、打陀螺、对顶木杠、人龙、射击等
彝族	摔跤、秋千、陀螺、射箭、跳牛、顶斗、拔河、跳高、爬油杆、武术等
白族	赛龙船、绕三灵、霸王鞭、跳火把、耍海会、赛马、射箭等
景颇族	景颇刀舞、秋千、扭杠、顶杠、爬杆、打汤跌等
藏族	射箭、赛马、藏式摔跤、跳远、跳绳、大象拔河、藏式围棋等

续表

民族	民族传统体育项目
哈尼族	摔跤、田里拔河、泥巴架、跳高跷、斗鸡、车秋、磨秋、抵肩、射弩、武术等
普米族	射箭、射弩、秋千、摔跤、鸡毛球、搓磋等
德昂族	篾弹弓、武术、打陀螺、象脚鼓舞等
蒙古族	摔跤、秋千、射箭、赛马、布鲁、打唠唠等
基诺族	射弩与射箭、泥弹弓、踩高跷、顶竹竿、跳牛皮鼓等
水族	赛马、狮子登高、抢鸭子、翻桌子等
苗族	手毽、射弩、磨秋、吹枪、斗牛会、爬花杆、武术等
傈僳族	爬竹竿、溜索竞渡、顶牛、秋千、射弩、爬刀杆等
达斡尔族	波依阔、板棍、赛马、射箭、摔跤、劲力、夺宝等
拉祜族	爬竿摘果、拳术、秋千、射弩、高跷、陀螺、跳芦笙等
壮族	壮拳、抛绣球、放花炮、车秋、荡秋、踩高跷、舞狮等
回族	武术、气功、掰手腕、扭扁担、掼牛、文狮舞、木球、汤瓶拳、查拳、鱼尾剑等
朝鲜族	荡秋千、摔跤、跳板、朝鲜族象棋等
锡伯族	赛马、射箭、摔跤、打"螃蟹"、踢"熊头"、打瓦、滑冰、欻嘎拉哈等
独龙族	爬天梯、溜索、摔跤、剽牛、跳高、速度伐竹、射弩等
鄂温克族	滑雪、赛马、套马、枪枢等
鄂伦春族	射箭、赛马、拉棍、滑雪、扳手腕、桦皮船比赛等
满族	骑马、射箭、摔跤、踢毽子、拉地弓、狩猎、打铜锣、珍珠球、赛船(赛威呼)、武功、打秋千、玩嘎拉哈等
佤族	竹竿舞、木鼓舞、射弩、摔跤、拔腰、鸡枞陀螺等
哈萨克族	叼羊、追姑娘、赛马、赛骆驼等
赫哲族	叉草球、射箭、划船、摔跤、滑雪、打爬犁、狗拉雪橇等
维吾尔族	摔跤、走索、曲棍球等
柯尔克孜族	射箭、劲力拔河、飞马拾银等
土家族	摆手舞、旱船竞速、板鞋竞速、押加、竹林球等
畲族	畲拳、赶野猪、采柿子、蹴石磉、武术、打枪担、抄杠、摇锅等
黎族	跳竹竿、打花棍、钱铃双刀、射箭、粉枪射击、拉乌龟等

第二节　我国体育旅游市场的特点

一、体育旅游市场需求的整体性

体育旅游市场需求的整体性，顾名思义，是指体育旅游消费者对体育旅游产品和服务需求的全面性、综合性。这种整体性不仅涵盖了旅游活动本身所需的各个环节，如交通、住宿、餐饮等，更重要的是，它还融入了体育运动的元素，使旅游与体育紧密结合，为消费者提供了丰富、独特的体验。

二、体育旅游市场需求的指向性

体育旅游市场需求的指向性具体表现在两个方面。

第一，体育旅游市场需求的指向性表现在，消费者为满足自身的体育旅游需求而必须离开居住地，向旅游目的地移动。就传统的物质产品而言，其流动方向往往是从产地向需求地移动，以满足消费者在日常生活中的需求。然而，在体育旅游市场中，消费者则是因为对某种体育活动或对某个目的地的独特体验的向往而选择离开熟悉的环境，前往特定的旅游地点。这种从需求地向目的地的"逆向"运动，不仅体现了体育旅游的独特性，也反映出了体育旅游市场需求的指向性。

第二，体育旅游市场需求的指向性还体现在，消费者因自身的兴趣、爱好对特定体育旅游产品所产生的需求。这一点与物质产品的需求模式又有所不同。物质产品的需求往往基于消费者的日常生活需求，具有较强的普遍性。而体育旅游产品的需求则更加个性化、多元化。不同的消费者对体育旅游产品的需求各不相同，有的追求刺激与挑战，有的则更偏向于休闲与放松。

三、体育旅游市场需求的高弹性

体育旅游市场需求的高弹性主要源于两个方面：一是体育旅游需求的层次性，二是其受多种因素影响下的波动性。

第一，体育旅游需求是一种相对高层次的需求。美国心理学家亚伯拉罕·马斯洛（Abraham Maslow）指出，人类需求像阶梯一样从低到高按层次分为五种，分别是生理需求、安全需求、社交需求、尊重需求和自我实现需求。人们在满足了生理和安全等基本需求后，会追求更高层次的需求，如社交、尊重和自我实现。体育旅游正满足了人们在这种需求层次上的追求。当人们的收入水平提高、生活条件得到改善时，对精神层面和体验性消费的追求便会随之增加。体育旅游作为一种既能提供健康生活方式，又能满足社交和尊重需求的旅游形式，自然会受到越来越多人的青睐。因此，随着收入水平的提升，体育旅游市场需求的增长比例也会相应增大，呈现出一种正相关的弹性变化。

第二，体育旅游市场需求的高弹性还体现在其受多种因素影响下的波动性。与其他旅游形式相比，体育旅游受外部因素的影响更为明显。这些因素包括但不限于旅游价格、旅游资源、旅游服务质量、体育赛事安排等。其中，旅游价格是直接影响体育旅游市场需求的一个关键因素。一般而言，价格的变化会引起消费者购买行为的调整，进而影响到市场需求的变化。而在体育旅游市场中，这种影响表现得更为显著。当旅游价格上升时，一些对价格较为敏感的消费者可能会选择放弃或推迟体育旅游计划，导致市场需求量下降；相反，当旅游价格下降时，则会吸引更多消费者参与体育旅游，市场需求量随之上升。这种价格变动与市场需求量变动之间的非对称关系，就是体育旅游市场需求高弹性的具体表现。

此外，体育旅游市场需求的高弹性对市场和消费者都有深远的影响。从市场角度看，体育旅游需求的高弹性使得市场更容易受到外部因素的冲击，增加了市场的不确定性和营销风险。这就要求体育旅游企业在制定营销策略、管理旅游资源时更加注重灵活性和前瞻性，以应对可能出现的市场变化。同时，政府部门也应加强对体育旅游市场的监管和调控，确保市场的稳定健康发展。从消费者角度看，体育旅游需求的高弹性意味着消费者在购买体育旅游产品时需要更加谨慎和理性。消费者需要充分了解市场动态和旅游产品的相关信息，做出符合自己实际需求和经济能力的消费决策。此外，消费者还应注重自身的权益保护，选择有信誉的旅游企业和合法的旅游渠道进行消费。

四、观赏性体育旅游地的变动性

观赏性体育旅游地之所以存在变动性，主要是受到世界级体育赛事举办的影响。当举世瞩目的体育赛事，如奥运会或世界杯在某一城市举办时，这座城市便会成为全球瞩目的焦点，会有成千上万的游客涌向此地，感受体育带来的激情与活力。这种现象引起了观赏性体育旅游客源流向发生巨大变化，原本可能计划前往其他旅游目的地的游客,现在纷纷转向这些举办地。然而,这种旅游热潮并非永恒的。一旦赛事结束,大部分旅游者便会返回各自的出发地。只有少数游客会因为对举办地的旅游设施或文化底蕴产生兴趣而继续留下来游玩。这使得举办地的旅游市场在经历了短暂的繁荣之后又迅速回归平静。

五、体育旅游市场需求的季节性

体育旅游市场需求的季节性,本质上是旅游人次在年度内因季节变化而呈现出的不均衡分布。这种不均衡体现在不同季节间旅游人数的显著差异上,进而形成了旅游旺季和旅游淡季的划分。这种差异往往与气候条件、体育赛事安排、节假日分布以及旅游者的休闲时间等因素密切相关。

总而言之,体育旅游市场是一个充满活力和变化的市场,了解其供求关系的特点及变化规律对于体育旅游产业的发展至关重要。不过,要想深入了解体育旅游市场的供求关系,必须综合运用经济学、社会学、心理学等多学科的理论和方法,对体育旅游市场的供求状况进行全面、系统的分析。通过掌握体育旅游市场供求关系的特点,可以为体育旅游产业的发展提供有力的理论支撑和实践指导。

第三节 我国体育旅游产业发展的影响因素

在当今社会,无论我们涉足哪一个行业,都不难发现其生产活动并不是孤立存在的。任何一个行业,无论是制造业、服务业,还是高科技产业,都深深扎根于一定的社会文化环境之中。这种环境就像土壤,滋养着每一个行业的发展,同时也对它们施加着无形的制约压力。因此,分析和了解社会文化环境对于行业发展的影响,不仅可以帮助企业制定更加科学合理的发展战略,还能够提高企业的市场适应能力和竞争力。

一、体育旅游市场因素

(一)规模效应不足

我国的体育旅游业起步较晚,还没有形成规模经济效益。自 1986 年中国国际体育旅游公司成立以来,中国的体育旅游产业经历了从无到有、从弱到强的蜕变。在中国体育旅游产业初步发展的阶段，虽然一些地方性的体育旅游项目已经开始受到游客的欢迎，但整个产业并没有形成足够的影响力。直到 2001 年，这一局面才迎来了重要的转折点。那一年，国家旅游局推出了"中国体育健身游"主题年活动，这是我国第一次将体育与旅游两大产业进行深度融合，标志着体育旅游正式成为旅游业的新兴发展方向。在这一主题年活动中，各地推出了丰富多彩的体育旅游产品，如内蒙古的那达慕大会、东北的冰雪旅游，以及各地举办的登山游等。这些活动的成功举办，不仅丰富了游客的旅游体验，也极大地提高了体育旅游的知名度和影响力。在这一时期，中国的国际旅游收入持续增长，甚至超过了德国和英国，位列世界第七，其中体育旅游的贡献不容忽视。此后，2008年，北京奥运会的成功举办更是将中国体育旅游推向了新的高度。"8月8日至24日奥运会期间，北京市累计接待中外游客 652 万人次"[①]，许多体育场馆如鸟巢、水立方等也都成了热门旅游景点，这不仅让全球游客感受到了中国体育旅游的魅力，也为中国体育旅游产业的进一步发展奠定了坚实的基础，2022 年北京冬奥会的举办更是直接带动全国冰雪运动升温。但是相比国外，我国在赛事的开发上还有很大差距，没有形成如欧洲杯、世界杯、欧冠等能够引来全球旅客的品牌赛事。大部分地区体育旅游景区等分散，未能形成知名旅游品牌，带动整体发展。

（二）市场供给不足

仔细观察我国体育健身旅游的发展现状，我们不难发现一个明显的问题，那就是我国虽然拥有丰富的自然条件和资源，但现有的体育健身旅游产品和服务，尚未能满足人民群众日益增长的体育旅游需求。

当我们提及体育旅游，往往只会联想到那些大型体育赛事或体育景观的观赏活动，即观赏型体育旅游。不可否认，观赏型体育旅游的确吸引了大量的游客，特别是那些对体育赛事有浓厚兴趣的人群。然而，与此相比，体验型体育旅游的发展却相对滞后。归根结底，还是因为目前可供游客自由参与的旅游项目仍然较少，许多游客在旅游过程中只能扮演观赏者的角色，无法真正融入体育活动中。

（三）尚未形成完整的产业链

目前，我国体育旅游市场在产业链构建方面仍存在诸多问题。一方面，体育产业和旅游产业的融合不够深入，两者之间缺乏有效的衔接和协作。在体育赛事

---

① 韩燕：《奥运会期间北京接待中外游客 652 万人次》（http://news.cctv.com/china/20080826/104930.shtml）。

的策划与举办过程中，往往缺乏对旅游资源的充分开发和利用；而在旅游资源的开发与利用中，又缺乏对体育赛事的引入和融合。这种缺乏有效衔接和协作的现状，导致体育旅游产业链的各个环节之间难以形成有效的合力，从而制约了体育旅游市场的整体发展。另一方面，体育旅游产业链的发展还存在区域不均衡的问题。在一些发达地区，由于经济发展水平较高，体育旅游产业链的构建相对完善；而在一些欠发达地区，由于经济条件和基础设施的限制，体育旅游产业链的构建则相对滞后。这种区域不均衡的发展现状，不仅影响了体育旅游市场的整体发展，也加剧了地区之间的发展差距。

（四）旅游者与旅游目的地居民关系不够和谐

随着旅游业的蓬勃发展，旅游管理、旅游文化建设和道德建设的乏力问题也逐渐凸显，这些问题在很大程度上影响着旅游者与旅游目的地居民之间的人际关系和社会关系的和谐。

首先，旅游管理的乏力直接导致了旅游市场的混乱。一些旅游目的地为了追求短期经济利益，对旅游项目和旅游活动进行虚假宣传，以吸引更多的游客。这种做法不仅让游客在到达目的地后感到失望和愤怒，还严重损害了旅游目的地的声誉和形象。

其次，旅游文化建设和道德建设的滞后也加剧了旅游者与旅游目的地居民之间的矛盾。文化是旅游的灵魂，是旅游者与旅游目的地居民交流的桥梁。然而，一些旅游目的地忽视了对本地文化的挖掘和保护，缺乏有效的文化传播和推广机制，导致游客对当地文化知之甚少。同时，一些旅游者在旅行过程中也不能够入乡随俗，尊重旅游目的地的居民习俗和文化传统，不顾及旅游目的地的禁忌习俗，甚至破坏旅游目的地的动植物环境和其他人文、自然资源。这种行为不仅损害了当地环境的可持续性，也引起了当地居民的不满和反感。在这种情况下，游客与旅游目的地居民之间往往会关系紧张，甚至会引发冲突。

二、体育旅游消费者因素

（一）受教育状况

自1986年我国颁布《中华人民共和国义务教育法》以来，教育事业经历了跨越式的发展，特别是高等教育，其速度和规模的增长令世界瞩目。从1986年到现在，高等院校的数量由几百所猛增到3074所，学生总规模达到4763.19万人，毛入学率达到60.2%。① 随着教育的普及和深入，国民的文化素质得到了显著提升，与此同时，教育的发展也深刻影响了人们的社交习惯和生活方式。在以前，由于知识水平的限制，人们的社交范围往往局限于固定的群体。但随着教育的普及，人们有了更多的机会接触不同的文化和人群，这使得他们的社交范围得到了极大的拓展。在此基础上，体育旅游作为一种新兴的生活方式，逐渐受到了越来越多人的青睐。数据显示，参与体育旅游的人群中，拥有高中及中专以上学历的人占据了相当大的比例。这充分说明，教育程度的提高不仅丰富了人们的精神世界，也激发了他们对体育旅游的热爱和参与积极性。

（二）个人价值观念

在人类纷繁复杂的社会生活中，价值观念犹如指南针，引导着个体与集体在变幻莫测的世界中稳步前行。它不仅是人们对事物态度和看法的总和，更是构成个体人生观的重要基石，以及社会文化体系的核心灵魂。深入探究价值观念的作用与影响，对于理解人类行为与社会发展具有重要意义。

我国历史悠久，在不同的历史时期形成了不同的价值观念，同时，随着时代的变迁和社会的发展，我国的价值观念仍在不断地演变和调整。在当前的社会转型阶段，我们仍然需要转变价值观念，以适应市场经济和现代化建设的需要，推动中国经济的蓬勃发展，从而推动社会的进步。

（三）消费行为习惯

在当今时代，消费行为及习惯已成为研究社会经济发展的重要切入点。这些习惯，实际上是人们在长期的经济和社会活动中形成的消费方式和惯性选择，它们一方面受到宏观经济环境的深刻影响，同时也反映了社会文化变迁的微妙趋势。

自1996年我国从卖方市场转向买方市场以来，消费者的需求便成了市场运作的核心驱动力。由于需求不断增长，商品供应逐渐跟不上需求的步伐，商品供不应求的现象时有发生，这使得消费者在市场中拥有了更多的话语权和选择权，消费领域因此发生了重大变化，消费结构开始由单一化向多元化、高级化转变。与此同时，信用消费也在迅速兴起。在传统消费模式下，人们通常需要先有收入才能进行消费，但随着金融市场的不断完善和信用体系的建立，越来越多的人开始尝试通过信用贷款、分期付款等方式提前享受商品和服务。这种消费方式的出

---

① 《在校生2.91亿人！2023全国教育事业发展基本情况公布》（https://www.sohu.com/a/761182241_121106991）。

现，不仅大大提高了消费者的购买力，也推动了金融市场的繁荣。因此，深入研究当代社会消费行为习惯，对于指导消费者理性消费、促进市场经济的健康发展具有重要意义。

（四）年龄和性别

不同年龄阶段的人因其独特的心理和行为特征，对体育旅游行为的态度和需求存在显著差异。中青年作为社会的中坚力量，他们通常体力充沛、经济宽裕，并具有强烈的探索精神和求新求异的心理特征，这些特征使他们在体育旅游市场中占据了主体地位。与中青年相比，老年人群在体育旅游市场上的表现则呈现出了另一种特征。随着年龄的增长，老年人的身体机能逐渐下降，他们更加注重健康和养生。因此，在选择体育旅游项目时，老年人更倾向于健身类、养生类的旅游项目，此外，老年人在旅行时也更加注重舒适度和便捷性，他们更倾向于选择短程、便捷的旅游项目，避免长途跋涉带来的身体负担。

不同性别的人在生理结构、心理特征等多个维度上均呈现出了显著的差异，这些差异进一步形成了各自在体育旅游中的偏好与需求。从生理层面看，男性和女性在体能和耐力上存在天然区别。男性通常拥有更高的力量输出和更快的反应速度，这使得他们在选择体育项目时更倾向于带有刺激性和挑战性的项目，相反，女性可能更注重身体柔韧性和协调性，更偏好能够促进身心和谐的运动形式。心理特征也是影响体育旅游选择的重要因素。男性一般偏好竞争性和对抗性强的活动，享受在比赛中追求胜利的成就感；而女性则更看重体育旅游过程中的社交和娱乐功能，她们乐于参与团队活动，享受与同伴共同经历的时光。此外，女性对于体育旅游中的时尚元素也有着更高的追求，如参加时尚运动赛事、穿着时尚的运动装备等。

（五）职业和收入

职业和收入的差异对体育旅游者消费行为的影响是多方面的、深层次的。首先，不同职业的体育旅游者因其工作性质、时间安排和兴趣爱好的差异，会倾向于选择不同类型的体育旅游项目。例如，自由职业者因工作弹性较大，可能更倾向于选择长途跋涉的探险性体育旅游，如徒步穿越、攀岩、滑雪等；而商务人士则可能更偏爱在周末或短暂假期内参加高尔夫、网球等高端体育赛事或体验性活动，以放松心情、缓解工作压力。这些差异性的选择正是体育旅游者职业特性的直接体现。其次，收入水平对体育旅游者的选择和决策具有更为直接的影响。一般来说，高收入群体拥有更宽裕的经济条件，可以承担更为昂贵的旅游费用，因此，他们往往能够选择更高端、更奢华的体育旅游产品，如私人定制的赛车体验、豪华游艇出海、顶级高尔夫球场挥杆等。而对于收入水平较低的群体来说，他们可能更偏向于选择经济实惠、性价比高的旅游项目，如户外运动节、公益性质的体育赛事观赛等。这种由收入水平导致的消费差异，在体育旅游市场中表现得尤为明显。

三、社会政策环境因素

在当今社会，要想使体育旅游产业持续、健康地发展，一个不可或缺的因素就是良好的外部政策环境。

（一）税收政策

税收政策作为国家宏观调控的重要手段，其调整往往能够深刻影响社会经济生活的多个层面。在体育旅游产业的发展过程中，税收政策的调整不仅能改变人们消费与储蓄的比例，还能通过影响消费与储蓄的比较利益，进一步决定纳税人的旅游投资取向，从而对体育旅游消费需求与体育旅游投资需求比例产生重大影响。

（二）社会保障体制

现如今，我国的社会保障制度已经基本建成，为人民提供了坚实的生活保障，也促进了体育旅游产业的发展。

首先，社会保障制度为人们的经济生活提供了一层坚实的安全防护网，使人们敢于参加体育旅游活动。在经济不景气或遭遇自然灾害等突发事件时，人们往往会因为担忧未来而减少非必需品的消费，这其中就包括体育旅游消费。然而，如果社会保障制度健全，人们的收入得到保障，他们的消费信心和消费能力也会相应增强。此时，即便在经济低谷期，人们的体育旅游消费需求仍然能够保持稳定或适度增长。这不仅能够稳定体育旅游市场，还有助于拉动经济增长，促进国家经济平稳发展。

其次，社会保障制度可以调节投资与融资，实现与国家经济发展战略和经济增长目标的有机结合，进而推动旅游产业的发展。政府通过制定社会保障政策，可以引导资金流向具有发展潜力的体育旅游项目。例如，政府可以为符合条件的体育旅游企业提供税收优惠、贷款支持等优惠政策，吸引更多资金投入这一领域。

这不仅有助于缓解体育旅游企业的资金压力，还能够推动体育旅游产业的升级和发展。同时，政府还可以通过社会保障基金等渠道筹集资金，用于支持体育旅游基础设施建设和完善公共服务体系，为体育旅游经济的发展提供有力保障。

最后，社会保障制度能够调节社会经济关系和贫富差距，维护社会稳定。通过建立健全的社会保障制度，政府可以确保低收入群体的基本生活需求得到满足，减少社会矛盾和冲突。同时，社会保障制度还能够通过税收、转移支付等手段调节收入分配，缩小贫富差距。在一个稳定和谐的社会环境中，人们更加愿意参与体育旅游活动，享受运动带来的乐趣。这不仅有助于提升人们的幸福感和生活质量，还能够为体育旅游经济的发展创造更加有利的条件。

（三）现行价格体制

在市场经济中，每个经营者都拥有一种权利，即对自己所提供的商品或服务进行定价。这种权利似乎让经营者掌握了决定权，他们可以根据自身的成本、利润预期、品牌形象等因素来设定价格。然而，深入观察后我们会发现，这种定价权在实质上受到了诸多因素的制约，其中最为关键的就是市场供求关系。

市场供求关系决定了商品的价格。当供大于求时，商品价格下跌；当供不应求时，商品价格上涨。这种价格机制促使经营者不断调整自己的生产经营方向和规模。如果某种商品的价格持续下跌，经营者可能会减少生产，甚至退出市场；反之，如果价格持续上涨，经营者可能会增加生产，甚至进入新的市场。这种调整不仅有利于经营者实现利润最大化，还有助于优化资源配置，推动生产要素在不同部门和商品之间的合理流动。然而，市场形成的价格并非完美无缺。它存在着局限性、盲目性和滞后性。局限性表现在市场无法对所有信息进行完美反映，比如一些突发事件或政策变动可能会对市场造成巨大冲击；盲目性则体现在市场参与者往往只能根据过去和现在的信息来做出决策，而无法预见未来的变化；滞后性则是指市场价格的变化往往滞后于市场供求关系的变化，导致资源的浪费和效率的降低。

针对这些问题，国家需要进行价格宏观调控。国家的价格宏观调控旨在维护市场价格秩序，防止价格异常波动对经济的冲击，保障广大消费者和生产经营者的合法权益。只有这样，社会才能实现资源的优化配置和可持续发展。

因此，为了保障体育旅游产业的健康、有序发展，构建一个合理的市场价格体系显得尤为重要。首先，构建合理的体育旅游市场价格体系，需要完善、细化相关的法律法规。当前，我国在价格管理方面的基本法律，如《中华人民共和国价格法》《中华人民共和国民法典》等，为体育旅游市场价格管理构建了基本的法律框架。但针对体育旅游市场的特殊性，还需出台更具针对性的政策法规。比如，针对市场上存在的无明确法律约束的价格形成行为，可以制定详细的体育旅游价格管理办法，明确价格形成的原则、程序和标准，从而确保体育旅游市场价格的公开、透明和公平。其次，由于体育旅游市场价格体制尚不完善，存在信息不对称、市场失灵等问题，因此，政府需要适当干预，以弥补市场机制的不足。政府可以通过价格监管、制定指导价、设定价格上限或下限等方式，对体育旅游市场价格进行宏观调控，防止价格过高或过低对消费者和经营者造成不良影响。最后，政府还需要引导消费者树立理性消费观念，使其能够根据自身需求和经济能力选择适合自己的旅游产品和服务。同时，还要引导消费者对体育旅游市场价格进行监督，及时反映价格不合理的问题。

四、体育旅游人才因素

现如今，随着我国旅游产业的蓬勃发展，我们不难发现，我国体育旅游人才的培养规模和人才结构都存在着严重的问题。

我们先来谈谈体育旅游人才的培养规模问题。随着体育旅游的蓬勃发展，市场需求急剧增加，但现有的人才培养规模却难以满足这种需求。这主要体现在两个方面：一是教育资源的不足，即相关高校和专业机构在师资、教学设施、课程设置等方面的投入与市场需求之间存在较大差距；二是培养模式的滞后，当前的人才培养模式大多还停留在传统的教育模式上，缺乏与体育产业和旅游产业的紧密联系，难以培养出符合市场需求的复合型人才。

除了规模问题，人才结构的不合理也是制约体育旅游产业发展的一个重要因素。目前，我国体育旅游人才结构存在高级管理人才和技术人才匮乏，而一些基础岗位则存在人员过剩的问题。这种结构的不合理，不仅制约了体育旅游人才的个人成长，也影响了整个行业的健康发展。

因此，为了培养出适应市场需求、具备全面素质的体育旅游人才，我们需要从以下几个方向着手。第一，在培养体育旅游人才时，我们要注重理论知识与实践技能的并重，既要为学生提供系统的理论教育，又要通过实践活动和实习实训等方式，提高学生的实践能力和综合素质。第二，由于体育旅游行业具有鲜明的地域特色，因此，在培养体育旅游人才时，我们要根据不同地区的实际需求，制订有针对性的培养计划和课程体系。例如，对于山地旅游资源丰富的地区，可以重点培养攀岩、徒步、滑雪等项目的专业人才；对于滨海旅游资源丰富的地区，则可以重点培养潜水、冲浪、帆船等项目的专业人才。通过有针对性的培养，我们可以更好地满足地方体育旅游产业的发展需求，提高人才与产业的匹配度。第三，要注重校企联合培养。通过与企业合作，我们可以根据企业实际需求量身定制课程和培养方案，使学生在学习过程中就能接触到实际工作环境和任务。在这种模式下，学生可以更深入地了解体育旅游产业的实际运作情况，更好地掌握行业知识和技能。此外，校企联合培养模式还可以为学生提供丰富的实践机会。通过在企业实习和实训等方式，学生可以亲身参与到体育旅游项目的策划、组织和管理等实际工作中去，提高自己的实践能力和综合素质。同时，企业也可以为学生提供宝贵的就业机会和发展空间，实现人才培养与产业需求的无缝对接。

第四节　我国体育旅游的发展现状

一、不同地区体育旅游的发展现状

下面主要以我国经济地区分布的特点为依据来分析各地区体育旅游的发展情况。

（一）东部沿海地区

东部沿海地区与中部内陆、西部地区相比，经济最为发达，而且东部沿海地区的人口较多、交通便利，这些天然优势对东部沿海地区体育旅游的发展具有重要意义。在东部沿海地区，因为有良好的经济条件，所以体育基础设施相对比较完善，这为体育赛事的举办提供了物质保障。此外，因为东部地区经济发展水平高，所以很多高科技人才被吸引至此，再加上东部沿海地区教育资源好、教育水平高，所以该地区人们的旅游认知水平也相对较高，形成了较强的旅游意识和开放先进的旅游观念。以上这些分析也能解释为什么我国大部分职业俱乐部都出现在东部沿海地区。经济发达地区经常举办体育赛事，去现场观看赛事的观众很多，因为这一地区居民的经济收入水平较高，消费观念先进，健身意识较强，再加上体育爱好者对体育赛事充满热情，所以东部沿海地区体育旅游市场广阔，发展体育旅游具有很多优势与成熟的条件。

（二）中部内陆地区

和东部沿海地区相比，中部内陆地区的经济发展水平不够高，而且中部地区体育旅游发展时间还不够长。但总体来看，中部体育旅游发展稳定、趋势良好。中部内陆地区拥有十分丰富的体育旅游资源，如山景资源有五台山、黄山、庐山等，水景资源有洞庭湖、葛洲坝、三峡水库等。地方政府十分重视发展旅游业，不断出台相关政策为旅游业的发展提供引导，同时强调在发展旅游业的过程中要保护自然环境，这对体育旅游业的可持续发展具有重要意义。此外，中部地区在对产业结构进行调整的过程中，优先发展旅游业，重点扶持与培育体育旅游业。中部内陆地区发展体育旅游也是有优势的，除了本身位于长江和黄河中游外，东、南、西、北四周都邻近体育旅游经济圈，这些都有利于对体育旅游的推广。

中部内陆地区体育旅游发展目前存在的主要问题是，人们的体育旅游意识较弱，缺乏完善的体育旅游设施，消费市场不够广阔，较少举办规模大且影响广的体育赛事，地区特色不鲜明，缺乏竞争力等。

（三）西部地区

西部地区经济发展缓慢，缺乏丰富的体育场地设施资源，而且居民旅游意识薄弱，消费水平较低，该地区对人才的吸引力也较弱，种种原因导致该地区体育旅游的发展落后于东部与中部地区。

然而，西部地区发展体育旅游也是有优势的，如西部地区有丰富的土地资源，有优美的自然风光，有丰富多彩且特色鲜明的民族体育项目，这些都为西部地区体育旅游市场的开发提供了重要条件。西部地区在发展体育旅游业方面应充分发挥自身的优势，重点开发民族传统体育旅游项目，在发挥优势的基础上也要解决主要问题，如加强体育旅游设施建设、引进人才等。

二、我国体育旅游的总体发展现状

（一）取得的发展成果

1. 国内、入境、出境等体育旅游初显雏形

体育旅游市场本质上具有鲜明的开放性特征，尤其是在经济全球化背景下，其国际属性愈发凸显。我国体育旅游产业包括但不仅限于国内发展，同时也会积极参与国际市场的竞争与合作。目前，我国体育旅游市场主要的服务对象仍然是意在国内旅游的本土游客，相较之下，入境的外国游客数量有限，而出境旅游的

游客则更为罕见。不过，部分体育旅游项目，如高尔夫、潜水等，已经出现了一定数量的入境游客群体。值得注意的是，在部分高水平国际体育赛事举办期间，入境游客的占比会有所上升。近年来，随着我国出境游市场的蓬勃发展，越来越多的体育爱好者开始热衷于出国观赏精彩赛事，或是直接参与自己感兴趣的体育活动。这一趋势表明，国内外体育旅游的发展雏形均已初步显现，展现出巨大的潜力和广阔的前景。

2. 一定程度上带动相关产业发展

在当前社会背景下，体育旅游已成为国民休闲度假和运动健身的重要选择。体育旅游的蓬勃发展并非偶然，而是依赖于一系列关键条件的成熟，涉及基础体育设施的建造、专业人才队伍的建设，以及与之相协调的食宿、交通、娱乐等配套服务的完善。整体而言，加速体育旅游产业的发展，不仅在经济层面具有显著的促进作用，对于社会就业问题的缓解亦具有积极影响。目前，体育旅游产业在我国各省市的分布十分广泛，不仅创造了大量的就业岗位，还为当地政府带来了可观的经济收入。同时，体育旅游产业的蓬勃发展也进一步推动了社会服务业的发展。整体而言，体育旅游的发展丰富了旅游产品，提升了旅游业的整体竞争力，为服务经济社会发展作出了积极贡献。

3. 初步形成一定的体育旅游产品体系

近年来，体育旅游产业异军突起，发展势头强劲。以体育观赏和参与为核心的旅游产品体系正在逐步构建起来。该体系内容丰富，主要包含以下两大内容。其一为体育观赏游，涉及精彩纷呈的大型体育赛事观赛游、动感十足的体育表演观赏游以及秀美壮观的体育景观游。其二则是体育参与游，这种旅游模式在我国最为流行，各地各市均有与体育结合的旅游产品分布。目前，滑冰滑雪、高尔夫等运动项目以及民族民间体育文化已然成为相对成熟的、具有参与性的体育旅游项目和产品。

4. 出现了体育旅游的专业会展

体育博览会的举行，对体育旅游的发展产生积极的推进作用。比如，首届中国体育旅游博览会于2007年在上海由国家体育总局和国家旅游局联合举办，而后又连续在成都、哈尔滨、海口等地举行了多届中国体育旅游博览会。2023年10月，中国体育旅游博览会以"共筑强国梦，体育建新功"为主题，在苏州国际博览中心举行。这些都在很大程度上对体育与旅游业的互动、融合，以及体育旅游业的深入发展起到积极的推动作用。可以说，体育旅游博览会将其整合、纽带、展示、促销功能充分发挥了出来，对体育旅游业的发展起到重要的推动作用。

5. 逐步形成专兼结合的营销渠道

1984年西藏国际体育旅游公司成立，我国拥有了首个体育旅游部门组织的专业公司。两年后，中国国际体育旅游公司也成立了。各省市体育局纷纷响应，贵州省、广东省等地的体育旅游公司如雨后春笋般涌现，为体育旅游产业注入了新的活力。

近年来，体育旅游逐渐火热，吸引着越来越多的游客。康辉、青旅等大型旅行社，积极拓展了体育旅游的专项服务，甚至设立了独立的体育旅游子公司。同时，体育经纪公司也纷纷将体育旅游业务纳入其业务范畴。热门景区与赛事成为各旅游企业竞相争夺的焦点，专业与兼营相结合的体育旅游营销网络基本搭建成功。

6. 政府关注度有所提升

《国务院关于加快发展旅游业的意见》和《国务院办公厅关于加快发展体育产业的指导意见》两个文件都将大力发展体育旅游业的意见提了出来。国家旅游局先后开展了2001年的"中国体育健身游"和2008年的"中国奥运旅游年"以体育为主题的旅游年活动。国家体育总局把体育旅游列入了《体育产业"十二五"规划》，并且将"大力发展体育旅游业，创建一批体育旅游示范区，鼓励各地建设体育旅游精品项目"的建议明确了下来。一些地区还出台了一些发展体育旅游的新规划、新举措。

7. 体育旅游的专业人才培养起步

对于体育旅游来说，最重要的资源，也是第一资源为人力资源。体育旅游业发展的速度和质量会在一定程度上受到人才的数量和质量的直接影响和制约。我国第一个体育旅游专业于2001年在成都体育学院开设，这就达到了较好地适应日益活跃的体育旅游实践的目的。之后，一些体育院校先后增开了体育旅游、旅游与户外运动等相关的专业。尤其可以看出，体育旅游的专业人才培养已经开始起步，并得到了健康的发展。

8. 开发了较多的体育旅游资源

我国体育旅游资源丰富，各地在发展体育旅游产业的过程中，基本能够根据当地的实际情况进行资源开发。

（1）开发了水景体育旅游资源

我国水资源丰富，依托丰富的河流、湖泊、瀑布、温泉等积极开展观赏、探险、休闲体育旅游。黑龙江、吉林、河北等省已利用当地冰雪资源开发各类体育旅游项目。中国大陆海岸线长，体育旅游资源丰富。海南已成为世界著名的避暑、疗养、度假、水上体育度假村,沿海地区立足于优越的自然条件,积极开展海洋体育旅游项目。

(2)开发了生物景观体育旅游资源

我国花卉资源、草地资源和森林资源丰富,为我国开展各项体育活动奠定了重要基础。河南省洛阳牡丹节有着很高的知名度和影响力,是中国四大著名的花卉节日之一。在花卉资源的帮助下,洛阳市在牡丹花博览会开幕式上举办了万人太极拳表演,充分展示了花卉资源与体育资源的有机结合,为其他地区体育旅游的发展提供了成功的经验。

(3)开发了建筑设施类体育旅游资源

随着我国体育产业的发展,国家出台了一系列措施,加大体育建筑设施的建设,标志性体育场馆、体育度假区、体育主题公园的数量逐年增加。这些体育场馆、体育度假村和体育主题公园已成为许多城市体育旅游发展的重要亮点。

(4)开发了人文活动中的体育旅游资源

当前,体育赛事旅游已经成为一种时尚。在我国许多地区,体育赛事作为一种体育旅游资源得到了发展。青海湖公路自行车赛、深圳网球公开赛、F1世界大奖赛等都是近年来在中国发展起来的具有特色的体育旅游项目。

中国的民族传统节日和民族传统体育活动具有发展体育旅游的巨大潜力,如开斋节、苗族调年舞、鼓藏节、藏历新年、赛马会、萨嘎达瓦节等传统节日。

此外,中国的民间表演,如腰鼓、舞龙、舞狮、踩高跷等,对体育旅游资源的开发也有着丰富的价值。体育赛事、民族节日、民族体育和民间表演都为我国体育旅游资源的综合开发提供了良好的思路。

(二)存在的发展问题

下面主要分析当前我国体育旅游发展中存在的主要问题。

1. 缺乏合理的宏观规划引导

体育旅游的发展需要一定的体育旅游规划引导,但当前很多省市虽然制定了体育旅游发展规划,但是没有突出本地特色,现实指导性不足。当前体育旅游产业在开发过程中缺乏统一的规划与指导,导致部分省份的体育旅游项目开发屡遭难题,严重制约了其发展进程。具体问题主要有空间布局错乱、定位模糊、特色缺失、设计草率,以及与整体环境的不协调等。这些问题不仅会对自然环境造成损害,还会深刻干扰资源的开发利用和持续发展。

2. 缺乏完善的部门协管机制

体育旅游产业作为涉及体育与旅游两大领域的产业，拥有显著区别于其他行业的综合性，广泛涉及气象、自然资源、水利等多个部门。这一特点形成了体育旅游产业复杂且多元的产业链结构。

鉴于政府在体育旅游产业发展中的核心地位与关键作用，构建多方参与的协调管理机制对于体育旅游产业来说尤为重要。这一机制旨在促进政府各部门间的有效沟通与协作，进而为体育旅游产业的健康、有序发展提供有力保障。然而，目前我国体育旅游产业的协管机制尚不完善，部门间资源未能得到充分的整合与高效利用。这种现状不仅在一定程度上抑制了体育旅游企业扩大市场的积极性，而且对体育旅游产业的快速发展造成了阻碍。因此，为了有效解决这些问题，推动体育旅游产业持续进步，必须强化政府相关部门间的协管机制。这一举措将为实现体育旅游产业的长期、稳定发展创造有利条件。

3. 相关制度建设力度不够

我国的体育旅游产业制度体系尚未完善，建设投入不足，整体看来发展尚未成熟，这种现状极大地制约了体育旅游产业的蓬勃发展。目前，体育旅游产业制度建设力度不够主要体现在准入机制尚显薄弱，监管与评估机制亟待加强两大层面。由于缺乏系统完善的监管框架和评价标准，体育旅游活动尤其是户外运动和滑雪运动等高风险项目，出现了无法满足风险救援需求、专业救援队伍并未成形等现象，参与投资的企业未能受到一定的规范，消费者的安全也岌岌可危。鉴于此，我国急需加大对体育旅游相关制度的建设力度，完善体育旅游产业的法规体系，确保其健康、有序、高效地发展。

4. 营销、宣传渠道较为单一

我国体育旅游产业当前的营销方式较少采纳创新且前沿的营销策略。为此，我们亟须探索并实践网络营销、体验营销等多元化手段，并将此作为推动体育旅游产业发展的新引擎。

除此之外，我国体育旅游产业的宣传策略也存在诸多不足之处。现行的宣传视角聚焦于企业，很少通过政府渠道强调项目的教育性、公益性、主题性。体育旅游业在宣传上还存在形式单一、缺乏多样性，难以有效触达并吸引目标受众的问题。

如今，旅游业的竞争已演化为区域、城市间的全面竞争，不再停留在单一的景区、线路竞争层面。如此一来，体育旅游要想在激烈的市场竞争中脱颖而出，必须实现营销渠道的根本转变，即由单一的传统模式转向多元化的现代模式。在宣传策略上，应当做到政府公益宣传与企业市场宣传深度融合，以及景区、景点宣传与旅游目的地整体形象宣传的协同推进。通过这种跨界合作与整合，能够构建出全面、立体、生动的体育旅游宣传体系，进而推动体育旅游的持续发展与繁荣。

5. 体育旅游基础设施不足

在当前国内旅游市场，体育旅游项目已逐渐崭露头角，为众多景区注入了新的活力。然而，这一领域的快速发展也伴随着一系列挑战。例如，景区周边交通网络的堵塞制约了景区客流量的增长。除此之外，景区的基础设施建设也亟待加强。体育旅游基础设施的不足主要体现在以下两个方面：一是配套设施不完善和不达标，涉及停车场容量不足、标识标牌不清晰、旅游厕所设施落后等；二是景区内部的步道、自行车道及野外宿营地的建设标准偏低，未能充分满足游客的多样化需求。

6. 体育旅游人才基础薄弱

作为一项体育与旅游交叉、融合的产业，体育旅游产业对人才的需求也是非常显著的。具体来说，其所需要的人才主要有三大类：一是专业的管理人才，需要满足两个条件，即不仅要对旅游经营管理较为擅长，还要具有一定体育专业技术、理论知识；二是专业的技术指导人才，较为典型的当属漂流的救生员、滑雪的导滑员等；三是体育旅游产品的创新、研发人员。从当前的形势来看，这三种人才都是较为缺乏的，这也是当前对我国体育旅游业发展产生制约和阻碍作用的重要因素。

7. 体育旅游供给空间分散、受限

（1）供给体系点状分布，辐射能力弱

供给体系点状分布多，辐射能力弱。供给表现为点状分布较多，目前较为完备的体育旅游消费供给体系主要以省城为极点，主要以竞技体育赛事、体育文化娱乐体育培训为主要形式形成体育旅游聚集体，发挥了省会中心城市的核心辐射作用。如黄山市皖南国际文化旅游示范区，依据独特的自然和人文资源，以体育休闲观光、大众体育赛事、体育涉险探奇体验、体育康养健身等形式为社会提供消费服务。

体育旅游消费供给点状分布，供给点虽然数量多，但规模小，不能很好催化周围体育旅游消费供给关联体；缺乏经济与非经济因素的流动与传播，相邻区域的体育旅游难以发挥同频共振效应，较难实现优势互补与协同发展，从整体上抑制了体育旅游经济空间的扩展。

（2）体育旅游消费市场空间拓展缓慢

在当前体育旅游消费供给的发展浪潮中，构建互联互通体系、深化文化融合、加强品牌合作、实现资源共享已然成为不可逆转的趋势。目前，我国部分沿江近海、地理位置得天独厚的城市，在融入全国体育旅游发展大局时，其区位优势尚未得到充分发挥，体育旅游供给与外部区域的融合尚显不足。举例来说，这些城市与中国山岳旅游联盟等关键旅游联盟的合作进展迟缓，未能迅速抓住机遇深化合作关系。在进行体育旅游供给融合时，这些城市尚未实现上下游产业链的深度嵌入，并未及时加入长江三角洲地区的一体化发展过程，且与中部省份的合作并不紧密。

8. 体育旅游产品供给不合理

（1）体育旅游产品供给结构不合理

从整体审视当前我国体育旅游产业的发展脉络，我们不难发现其产品种类的丰富度不足，供给结构亟待优化。目前，市场上的体育旅游产品以体育休闲类产品为主，而康养、竞技等体育旅游产品则相对稀缺。此外，民俗体育旅游项目在内容上多停留在传统表演层面，设计单调，难以满足新时代游客对于体验的深度与新鲜度的追求。举例来说，我国拥有长江、淮河等壮丽水系，水域旅游资源十分丰富，但与水上体育相关的旅游项目未被充分利用。当前的体育旅游产品供给未能有的放矢地划分消费人群，未能根据消费者年龄、地域等进行差异化设计，导致旅游资源利用效率低下，产品创新动力不足。除此之外，体育旅游产业还缺乏对产品IP的创新，市场上充斥着水平低、无新意的产品，项目和产品更新率低，难以满足消费者日益增长的个性化需求。此外，体育演艺类产品往往缺乏深厚的文化内涵，精品和特色产品稀缺，不具有足够的市场竞争力。更有甚者，部分体育旅游产品的市场定位模糊，运营效益低下。此外，地域间资源分布的不均衡，以及季节对运营的干扰，也制约了体育旅游产业的全面发展。

（2）体育旅游产品供给时段的失衡

在深入探讨体育旅游产品的市场现状时，我们不得不注意到其显著的季节性特点。春夏季体育旅游产品供应丰富，各类活动如合肥马拉松、黄山黟县国际山地车节等赛事如雨后春笋般涌现，为游客提供了丰富的选择。2022年冬奥会举办后，民众对冰雪体育旅游的参与度迎来了高峰，但是相比民众高涨的冰雪运动消费需求，优质的滑雪场数量仍旧不足，并且只能在冬季供应滑雪旅游产品，夏季滑雪产品极少。此外，我们还必须正视体育旅游产品在节假日与非节假日之间的巨大销量差异。节假日期间，各类体育旅游产品琳琅满目，但一旦假期结束，这些产品便迅速滞销，许多设施面临闲置。随着带薪休假和弹性工作制的普及，人们的休闲时间越来越充裕，非假日体育旅游消费将会逐渐成为新的热点。在这种趋势下，体育旅游产品的供应策略亟待调整。体育旅游产业必须打破季节和节假日的限制，确保体育旅游产品能够全天候地满足广大游客的需求。这不仅有助于平衡市场供需，更能提升民众对体育旅游的满意度，进而推动整个体育旅游产业的健康、可持续发展。

（3）体育旅游产品供给的品质不高

当前很多体育旅游产品过于依赖自然资源，供给端存在普遍的低质化现象。在此背景下，应深入挖掘地域文化与体育旅游产品的结合点，将徽文化、大别山红色文化等人文要素融入地域产品的创造过程。此外，应将体育元素与产品主题进行深度融合，打破使用表层文化进行开发的模式，进行更深层次的文化主题再创新。目前，体育旅游产品呈现出了明显的同质化现象，我们需要更多地关注消费者的需求，开发出更多具有创新性和差异化的体育旅游产品，以满足不同游客的个性化需求。此外，随着生活方式的改变，人们对具有"动态"参与性、教育性的旅游产品的需求也在增加，提高体育旅游产品的质量刻不容缓。

9. 社会支撑不足

（1）社会组织和资本参与仍需加强

体育旅游市场宝库般的资源，因专业体育旅行社的稀缺而难以被充分开发。大规模的体育旅游活动常常能依赖地方政府的倡导和组织，而其他社会力量却很少参与进来。这不仅限制了当前可观的体育旅游市场份额的开发，也造成了资金循环不畅、社会资本难以流入的问题。制度性交易成本较高，社会组织和社会资本在体育旅游消费供给过程中的参与受限，无法有效发挥其对体育旅游产业的推动作用。

（2）相应法规和行业标准保障仍需加强

体育旅游消费的合理供给，离不开健全的法律框架和行业标准的支撑。体育旅游产业已形成由政府、企业、个人投资者及外资多方共同参与的格局。然而，当前存在管理主体不明确、权责和产权界限模糊等问题，相关部门只负责旅行社业务，体育旅游衍生的其他产业则分散于不同部门管理之下，这无疑增加了管理难度和经营复杂性。因此，需要迫切明确责任主体，理顺权责关系，以保障体育旅游产业的健康有序发展。

除此之外，市场上的违规行为时有发生，体育旅游行业的标准和规范尚待完善。因此，迫切需要出台相关地方性法规和行业规范，以规范体育旅游市场的交易行为。此举不仅能够为消费者提供更加明确的指引，也为体育旅游行业的健康发展铺平了道路。

10. 生态环境受威胁

体育旅游的快速兴起给当地经济带来了可观的收益，但同时也对生态环境造成了不可忽视的影响。当前生态保护方面存在诸多挑战。

（1）生态体育消费意识薄弱

国际经济生态化趋势在体育旅游消费领域中，映射出一种新型消费模式——生态体育消费。这种消费方式是绿色生活理念的拓展和深化。如今，面对资源紧张、环境恶化、生态退化的严峻挑战，我国须致力于实现工业文明向生态文明的转化，构建人与自然和谐共生的新格局。然而，目前我国各地的体育旅游产业普遍存在忽略生态环境保护的问题。由于受到如地域环境、经济实力多种因素的影响，生态保护理念尚未广泛得到现代人的重视与支持。在快速发展的时代背景下，绿色消费观念的普及仍任重道远。

（2）破坏生态现象时有发生

在我国体育旅游产业的发展过程中，曾经出现过一段过度追求经济效益轻视环保建设的时期。该时期的体育旅游活动对自然环境造成了不可忽视的污染和破坏。例如，黄山的莲花峰和天都峰曾因频繁的人为攀登而受损，不得不定期进行生态修复工作。而在长江流域与巢湖流域，无序的游艇和水上运动开发破坏了水体环境，造成了严重的生态破坏。

体育旅游消费具有双面效应，若无法妥善处理人与自然的关系，不仅会阻碍体育旅游消费的持续发展，更可能对其产生毁灭性的打击。在体育旅游领域里，实现人与自然、社会的和谐共生，需要做好顶层设计工作，应当积极开展技术创新，系统开发产业资源，同时加强法律保障体系建设，构筑从技术、产业、制度三方面出发，全方位支持体育旅游产业发展的格局。

第五节　我国体育旅游的发展前景

统计显示，2018年我国国内旅游人数55.39亿人次，国内旅游收入51278亿元，入境旅游人数14120万人次，入境旅游收入1234.17亿美元，出境旅游人数14972万人次，出境旅游收入5.97万亿元；2019年我国国内旅游人数60.06亿人次，国内旅游收入57251亿元，入境旅游人数14531万人次，入境旅游收入1313亿美元，出境旅游人数1234.17万人次，出境旅游收入6.63万亿元；2021、2022年，我国国内旅游人数分别为32.46亿、25.30亿人次，国内旅游收入分别为29191亿元、20444亿元。[①] 我国在旅游市场中具有举足轻重的地位，不仅成为全球第三大入境旅游接待大国和出境旅游消费大国，更独揽了全球最大的国内旅游市场。

体育旅游产业在旅游热中崭露头角，发展势头迅猛。随着三大旅游市场的蓬勃发展，各旅游子行业亦如雨后春笋般快速崛起。随着游客消费观念的转变，休闲旅游的比重日益攀升，旅游消费也随之发生阶梯性增长，进一步推动了市场多层次协同发展新格局的形成。

随着旅游市场的不断演变，游客消费的阶梯性愈发显著，不同消费水平游客的需求呈现出多样化特征。高端旅游市场持续繁荣，中端市场逐渐壮大，而低端市场也展现出勃勃生机。从游客数量角度看，旅游市场形成了一种正三角形态势，低端至高端的游客数量逐渐增加。而从消费能力角度看，则呈倒三角形，即随着市场层次的上升，消费支出逐渐减少。市场的分层发展不仅体现在整体结构上，各市场内部的旅游模式也在不断革新。传统旅游业态在升级中焕发新机，新兴的如高端体育旅游等业态快速崛起，为市场注入新的活力。

一、体育旅游大众化、高端体育旅游主体扩大

原本局限在少数群体内的体育旅游形式，如今已突破传统界限，逐步融入大众生活。如前所述，2021、2022年，我国国内旅游人数分别为32.46亿、25.30亿人次，国内旅游收入分别为29191亿元、20444亿元。

在我国，体育旅游产业早期受限于经济和社会条件，一些项目如高尔夫、潜

[①] 中华人民共和国文化和旅游部编：《中国文化文物和旅游统计年鉴2023》，国家图书馆出版社2023年版，第283页。

水等一度被视为高端小众的旅游项目。然而，随着国民经济的快速发展和人民生活水平的提高，这些体育旅游项目开始面向更广泛的消费群体，大众消费时代由此开启，特别是滑雪旅游，以往因其高消费特性而仅限于特定人群游玩。但如今，随着滑雪场建设的标准化和普及化，越来越多的游客选择滑雪作为旅行方式。亚布力、长白山等地区的滑雪场每年都能吸引大批游客，推动了体育旅游消费市场的蓬勃发展。此外，漂流、马拉松、冲浪等户外运动项目的普及化，不仅丰富了体育旅游的内容，还促进了相关产业的商业化进程。这一变化使得体育旅游不再是一般民众遥不可及的梦想，而是成为人们日常生活中不可或缺的一部分。预计未来的体育旅游将进一步融入大众生活，实现从小众参与向大众共享的跨越。

值得关注的是，我国公民在出境旅游方面的消费能力已位居世界前列，并且呈现出高学历、高收入和高消费的"三高"特征，特别是在 2023 年，我国高端体育旅游消费群体的规模持续扩大，为世界高端体育旅游市场注入了新的活力。

在北上广等经济发达地区，居民收入水平高，消费能力强，他们对高端体育旅游产品的需求和兴趣日益增长，为体育旅游市场的发展提供了坚实的物质基础。在当前大众体育旅游日益呈现同质化与标准化的趋势下，追求定制、跨界与个性化的高端体育旅游逐渐成为越来越多个性鲜明体育旅游消费者的首选。这一现象背后，经济因素与政策因素均扮演着不可忽视的角色。个人财富的持续增长为我国高端体育旅游消费主体提供了坚实的物质基础。国家政策的保障也为高端体育旅游市场的扩大提供了重要支撑。国务院及地方政府持续出台相关政策，旨在落实职工带薪休假制度，为民众提供更多的休闲时间。这些政策的实施，不仅有助于提升民众的生活质量，也为高端体育旅游市场的发展提供了有力保障。在这样的时代潮流下，未来我国将有更多的高端体育旅游爱好者能够实现他们的梦想。在国际高端体育旅游活动的舞台上，中国人将成为推动全球高端体育旅游市场发展的重要力量。

二、体育旅游产业将从观赏型变为深度体验型

从我国体育旅游产业的演变趋势来看，它正逐渐从表面的观赏型向深度体验型转变。尽管当前观赏型体育旅游仍占有一席之地，人们依然热衷于参观体育历史遗迹，如奥运场馆、体育博物馆，或观看精彩纷呈的体育赛事，如中超联赛等。但随着国民对体育旅游需求的升级，尤其是群众体育赛事的蓬勃发展，这种传统的观赏模式正逐渐被打破。

越来越多的民众开始热衷于参与群众体育赛事，他们不再仅仅是赛事的观众，而是转变为赛事的参与者，甚至参加比赛已经成为他们日常生活的一部分。有网友曾说："昔日的旅行以美食与娱乐为主，但到了今天却会出游参与体育竞赛，既饱览了美景，又锻炼了体魄，还结识了志同道合的朋友。"如今，旅游者不再满足于简单的观光游览和观赛体验，他们更热衷于亲身体验，追求极致的参与感，以感受体育项目带来的无穷乐趣和活力。有些游客为了感受深度体验旅游的魅力，选择长时间徒步或骑行，甚至沉浸在探险之旅中数月之久。在体育旅游领域，新颖、特色且充满刺激的户外项目，如登山、探险、滑雪等备受追捧。这不仅带动了体育旅游行为的革新，更引领了整个产业向更高层次发展，深度体验型体育旅游逐渐成为新趋势。

三、网络营销将会逐步加强

在我国高端体育旅游领域，尽管旅行社目前仍占据营销的主导地位，但一个显著的趋势正在悄然出现：越来越多的体育旅游地通过建立官方网站，直接面向消费者进行宣传与营销。展望未来，旅行社的市场主导地位将逐渐淡化，这一变革既是对信息时代下旅行社现状的反映，也是高端体育旅游产业的必然趋势。这一必然趋势与高端体育旅游产业的以下属性息息相关。首先，高端体育旅游活动具有自发性。拥有共同高端体育爱好的游客，常常借助网络平台相互联系，自发组成团队，共同出游。如今，高尔夫、游艇、航空等高端体育俱乐部如雨后春笋般涌现，它们不仅为爱好者提供了丰富的活动选择，更承担起了组织与安排旅游事务的职责。对于高端体育旅游者而言，他们只需通过网络搜索心仪的旅游产品，完成在线支付，便能轻松启动个性化旅行计划。这种出游方式发展到今天，已经形成了一种社会风尚。其次，高端体育旅游相较于大众体育旅游，具有更强的指向性与目的性。这些性质帮助旅游者告别了露宿街头的不便，赋予了旅程更多的便捷性。游客能根据自身喜好和行程规划，自主选择交通工具，通过网络平台进行组团和预订住宿，轻松打造出专属于自己的个性化旅行方案。

随着计算机通信技术的飞速发展，网络已经深深融入社会的每一个角落，影响着人们的生活与行为。当今时代是信息时代，互联网已颠覆了传统企业的营销模式，成为旅游企业等各行各业产品生产与销售的重要渠道。借助微博等网络平台，政府部门和旅游企业能够更有效地推广高端体育旅游产品，而体育爱好者们则能够在此选择或定制多元化的个性体验产品，实现了消费者与服务商之间的直接、高效连接。这一变革不仅展示了网络的巨大潜力,更预示了未来旅游营销的新方向。在数字化浪潮的推动下,旅游企业与旅游爱好者之间的互动与交易正经历着前所未有的革新。以海南国际旅游岛为例,这一国家战略级旅游目的地的崛起,催生了海南旅游信息技术有限公司。该公司旗下的"旅游资讯网""旅游政务服务网"以及"旅游商城网",构建了集行业管理、宣传、公共服务与商务运营于一身的综合性旅游生态系统。这一平台不仅为高端体育旅游爱好者提供了前所未有的便捷体验,使他们能够轻松获取旅游信息、享受公共服务,直接与旅游产品方进行商务交易,更通过高效的网络营销策略,极大地提升了海南作为旅游胜地的影响力。

与传统的旅游企业营销方式相比,网络营销展现出了无可比拟的优势。它通过精简旅游产品供应链、降低渠道交易费用,为旅游企业带来了显著的效益提升。同时,网络营销还规避了传统营销中可能存在的道德与经济风险,赢得了高端体育旅游爱好者的广泛喜爱与信赖。

四、体育旅游活动高风险特性将会进一步凸显

我国体育旅游市场中的项目多是户外活动项目。徒步、骑行等低门槛和低风险的体育旅游项目受众广泛,几乎适用于所有年龄层。这些低风险的体育旅游活动,安全系数较高且上手难度适中,所以旅游新手更倾向于选择此类项目。然而,随着人们生活方式的改变和旅游需求的增加,越来越多的旅游者开始倾向于更具挑战性的项目,如100千米户外越野跑、洞穴探险、低空飞行等。这些高风险体育旅游项目日益受到年轻旅游者的追捧,其类型数量和受众规模正在显现。

低风险类的体育旅游项目更加轻松悠闲、风险小,即便有风险,也不会有大碍。与之相比,高风险类的体育旅游项目则更加刺激,一旦发生事故,则可能会威胁到参与者的生命安全,后果不堪设想。现如今,高风险类体育旅游正在以非一般的速度从小众走向大众,成为越来越多年轻人的首选。未来,它将不仅成为主流体育旅游活动,更将深刻地改变体育旅游的产业格局及风险程度。

五、体育旅游空间向多元化拓展

我国体育旅游起步虽早,但早期的项目多集中为体育赛事游和户外活动游。户外活动项目丰富,涉及登山、漂流、摩托艇驾驶等项目,集陆上项目与水上项目于一身。从活动空间来看,早期的体育旅游项目主要局限在特定区域内,只有

少数区域适合开展体育旅游活动,且这些区域多在陆上和水上。我国体育旅游项目可用的空间单一且有限,亟待进一步拓展。近年来,随着体育旅游项目越来越受到民众欢迎,越来越多的人开始推崇把体育元素和旅行元素结合起来的体育旅游项目。各种形式的体育旅游活动得以在我国广泛推广。这不仅催生了庞大的体育旅游市场,还推动了如运动休闲特色小镇、体育主题公园等目的地的开发与发展。

六、投资主体社会化程度将会加深

我国体育旅游产业以其独特魅力成为体育产业内最吸引人的投资热门,有效且广泛地吸纳了社会资本的参与。最新的研究显示,我国体育旅游业的投资方式可概括为三种:一是传统旅游景区借助体育赛事等活动创新旅游项目,从而吸引游客;二是体育系统积极挖掘旅游资源,实现经济增收;三是社会资本及国际资本竞相涌入,寻求资本扩张的新领域。在以上三种方式中,社会资本类型的投资占据了主导地位,其活跃度和影响力均在体育旅游投资体系中占据首位。从休闲高尔夫球场到水上游艇体验,再到空中滑翔冒险,这些多元化的体育旅游项目均得到了社会资本的大力支持。这些社会资本的投资活动呈现出三大鲜明特点:首先是产业跨界,实现了多元化发展且市场竞争激烈,诸如娱乐、地产和电力等领域的投资力量纷至沓来,国内外资本竞相角逐;其次是地域跨界,体育旅游投资已突破地域限制,实现了跨地区甚至跨国界,如海南观澜湖高尔夫球度假村的投资者来自海内外;最后是投资规模化,投资项目覆盖广泛,形成了产业链条的深度融合,如海南国际旅游岛游艇产业发展综合服务基地与亚龙湾国家级旅游度假区的打造,均为不同产业协同开发旅游胜地的典范。

社会资本大力投资体育旅游的动力源于以下两大方面。一是体育旅游消费市场的蓬勃发展。随着消费者消费的升级和体验需求的增长,体育旅游成为市场热门,预示着巨大的投资回报。二是经济结构调整的宏观背景,为体育旅游产业的崛起提供了良好的发展机遇。体育旅游产业在蓬勃发展的过程中,其引领体育产业经济高速增长的市场效能已获得了地方政府部门的深度认同,因而被视为了优势产业与区域经济转型升级的首要选择,特别是大型体育旅游项目,其独特的赛事与旅游融合模式,展现出强大的资源整合能力与深远影响力,能够有效促进大型旅游消费区域与融资平台的构建,这使得该类项目成了政府青睐的发展重点。基于此背景,一系列旨在吸引和扶持体育旅游投资的优惠政策应运而生,旨在吸引更多投资者的加入。

随着公众对体育旅游认知的逐步深化和对项目参与感的不懈追求，在政府的高度关注与积极引领下，预计将有更多社会资本考虑在体育旅游领域进行投资，特别是在海洋运动、高尔夫休闲等新兴的体育旅游项目中，社会资本的投入将会持续加大，这些项目拥有广阔的发展前景。

七、高端体育旅游产品供给专业化、聚集化

高端体育旅游相较于大众体育旅游更加小众。然而，若将视野放宽至更宏观的层面，高端体育旅游实则融合了"大旅游"的特征与"小旅游"的精致格局。高端体育旅游属于体育旅游领域，其进步自然离不开"大旅游"这一强大后盾的支撑，"大旅游"的管理模式、营销战略等，均为高端旅游的蓬勃发展提供了坚实保障。同时，高端体育旅游本身也蕴含了多方面的旅游要素，如饮食、住行、娱乐等，构成了一个完整的"小旅游"式的产业链闭环。旅行者在享受"小旅游"式的精细服务时，能够体会到小众旅游所带来的深度体验，从而感到难以忘怀。

当前，我国高端的体育旅游产品呈现出专业化与聚集化并行的发展态势。例如，青海省精心打造"激情穿越柴达木"徒步探险项目，这一独具匠心的旅游项目产品一经问世，便迅速受到了众多高端体育旅游爱好者的热烈追捧。这一现象充分证明了专业化、高品质的高端体育旅游产品具有广阔的市场前景，进而为未来该领域的深入开发提供了宝贵的经验。随着产业聚集化趋势的加速推进，高端体育旅游产业的聚集化发展成为必然。相较于过去分散、单一的开发模式，未来的高端体育旅游发展将更加倚重于相关产业的协同合作与融合，进而实现产品的多样化、业态的丰富化、功能的全面化。不少省份推出了高端体育旅游基地建设项目，如海南省的游艇旅游基地等。在这一过程中，体育产业和旅游市场被注入了新的活力，不仅使体育旅游产业的整体规模迅速扩大，更使与之紧密相关的产业群体迎来了飞速发展的黄金时期。海南的游艇旅游和高尔夫旅游正以其独特的魅力吸引着越来越多的游客；东北地区，滑雪旅游已经成为亮丽风景线；而在青海、西藏的辽阔土地上，探险旅游以其原始、神秘的魅力，吸引着旅行者们探寻自然的奥秘……这些成功案例，无一不在向我们展示高端体育旅游产业聚集化发展的巨大潜力和无限可能。它们正在为我国高端体育旅游产业的蓬勃发展树立标杆，引领着整个行业向着更高、更远的目标迈进。

八、体育旅游运营方式一体化

当今旅游业竞争激烈，传统的景点和线路竞争已逐渐演化为城市与区域之间的全方位竞争。其中，区域旅游一体化已成为引领当代旅游业发展的关键动力，体育旅游同样呈现出一体化的趋势。一体化战略在体育旅游产业中体现为基础设施的互联互通、环境保护与管理的协调同步、管理制度的标准统一、服务品质的规范化以及品牌宣传策略的一体化。这种全面的一体化为区域内旅游资源的深度整合与高效利用奠定了坚实基础，有效促进了品牌效应的形成，提升了企业的竞争力。

从宏观来说，体育旅游业已被多地政府纳入区域旅游一体化的战略规划之中，其在一体化进程中展现出的价值日益凸显。例如，上海的 F1 中国大奖赛已成为长江三角洲地区旅游发展的强大引擎，不仅带动了旅行社推出多样化的"F1+"旅游套餐，更促进了整个华东地区旅游的繁荣。同样，海南的游艇会展旅游也引领了当地水上体育旅游产业的全面腾飞。

微观来说，体育旅游运营模式的一体化已在成熟的冰雪旅游市场中取得显著成效。随着体育旅游市场的持续繁荣，一体化的运营策略将成为越来越多体育旅游企业的必然选择，助力更多企业实现规模化、集团化发展。例如，河北崇礼的冰雪旅游在宣传与结算上已实现全面一体化，而哈尔滨亚布力滑雪旅游度假区也在积极推进一体化经营模式。高尔夫旅游行业的领军企业观澜湖集团更是凭借其连锁化、集团化的经营策略，实现了在全国范围内的规模化发展。体育旅游在区域旅游一体化中的"辐射效应"愈发显著，这一趋势必将吸引更多政府旅游部门的关注与投入。

九、国际化程度将会加深

在打造体育旅游产品的过程中，国际合作进程不断深化。近年来，国际知名的跨国旅游公司，如地中海俱乐部等开始将市场拓展到中国。不少公司还在中国专门成立了办事处，从而更好地开发体育旅游项目。伴随我国旅游消费结构的迭代升级，我们可以预见将有更多海外体育旅游企业涌入中国市场，共同开发这片潜力巨大的体育旅游领域。国际体育旅游者的数量也在持续增长。另外，我国为发展入境旅游出台了多项政策，如 2023 年的《关于释放旅游消费潜力推动旅游业高质量发展的若干措施》明确提出，要加强入境旅游工作，优化签证和通关政策，完善入境旅游服务。四是，我国很多城市在积极承办大型国际体育赛事，如

2022年的北京冬奥会、2023年的杭州亚运会、2023年的成都夏季大学生运动会，还有已取得举办权尚未举办的2025年哈尔滨冬季亚运会、2025成都世运会等等，这些大型国际赛事必然会吸引大量国际游客的到来。

在上述情况下，出境体育休闲度假旅游的市场规模将持续扩大，同时，我国也将迎来更多寻求世界级赛事体验和中国特色体育活动的国际游客。随着出入境旅游人数的激增与国际体育交流的频繁，国际体育旅游消费者的群体将不断壮大，为我国的体育旅游市场注入新的活力。然而，尽管前景光明，但我国体育旅游产业的发展仍面临着不小的挑战。

总的来说，体育旅游产业作为我国第三产业的新兴增长点，其在推动城镇化、吸纳劳动力、促进经济转型等方面所发挥的作用不容忽视，能够满足后工业化时代提出的发展需要。作为体育与旅游产业的交汇点，体育旅游产业不仅能够推动旅游业发展、促进体育普及、挖掘与传承体育文化，对于文化产业化的贡献亦不可小觑。

第三章
低碳经济视角下我国体育旅游的发展

低碳经济日益成为应对气候变化和转变社会经济发展模式的重要途径，受到政府决策部门、行业和学术界的广泛关注。随着低碳经济理念逐渐在旅游业领域渗透、发展和深化，低碳旅游已经成为低碳经济的重要响应方式，在促进我国旅游业节能减排和带动相关产业的低碳化发展，推动社会经济体系的低碳化建设，推进我国生态文明建设、绿色和低碳发展方面发挥着重要作用。本章基于低碳经济的视角，在可持续发展理论、低碳经济发展模式的基础上，系统构建起体育旅游产业低碳化发展的理论框架体系，并尝试将理论与实践紧密结合，分析我国低碳体育旅游的发展现状与我国体育旅游低碳化发展的限制因素，从低碳经济视角出发论述我国体育旅游发展的策略。

第一节　低碳经济与低碳体育旅游

一、低碳经济和低碳产业的概念

全球变暖的议题引起了全球范围内的广泛关注，在这种情况下，"低碳经济"的概念应运而生。以"三低"为核心理念的低碳经济，依托于制度与技术的创新，将环境保护与经济增长方式、人类生活方式及资源利用方式巧妙融合。它倡导以最小化的能源消耗、排放和污染，来驱动经济发展最大化，实现经济与环境的和谐共生，为人类创造更加绿色、健康的生存方式。低碳经济同时兼顾了"低碳"和"经济"。"低碳"观念着重强调在经济发展中尽可能地减少对碳基燃料的依赖，以实现能源与经济的双重转型；"经济"观念则致力于在能源的变革中维护经济的稳定与可持续发展，而非排斥增长与产出的最大化，同时也鼓励长期经济增长。其核心在于构建一个低碳的能源系统，发展低碳技术，并优化低碳产业布局，从而形成与之相匹配的产品生产方式、消费模式以及市场。未来，它将成为国家经济结构调整和制度创新的重要引擎，不仅为技术进步指明方向，更为社会的可持续发展提供强大的动力。

低碳产业作为推动低碳经济进步的引擎和核心支柱产业，其发展是推动低碳经济大步前进的关键。通过促进低碳产业的持续发展，不仅加速了低碳技术的创新，更赋予了低碳经济持续增长的活力源泉。低碳经济，其核心在于高效利用能源，推动产品研发不断低碳化。它代表着一种经济发展模式，即从高碳能源的开采利用逐渐过渡到低碳甚至无碳能源的利用。这种转变不仅以低碳或非碳消耗的产业为基石，更致力于将人类生产生活对自然生态的破坏降到最低。通过这种方式，产业发展得以在低能耗、低污染、低排放的基础上，实现高能效、高效率、高效益的可持续发展。与传统产业相比，低碳产业展现出强大的节能减排能力，这一能力形成的关键在于运用低碳技术改造产品生产方式。低碳产业包括低碳化的高碳产业、低碳产业等产业，这些产业不仅有助于实现环境友好型社会的目标，同时也为全球经济可持续发展提供了新的机遇和挑战。低碳技术及碳交易等领域的崛起，为经济活动带来了新的可能。相关企业凭借生产低碳产品来获取经营利润，并构建起众多纵横交错的产业链，推动企业进入经济规模化和产业化的新阶段。从更广泛的角度看，推动低碳产业的发展是地区产业结构从高碳向低碳转型的关键。根据产业分类标准，可以将国民经济产业划分为高碳、低碳产业，其中碳排放较低的产业为后者。从具体的能源使用情况来看，第二产业的能耗强度远高于第一和第三产业，这使得其成为低碳发展的重点领域。第三产业单位产值消耗的能源非常有限，是一种低能耗的产业。同时，通过衡量各个产业在生产过程中各个环节排放的温室气体总量，我们可以确定哪些产业符合低碳发展要求。第二产业产生的温室气体排放量大，基本上都排放到了大气中。因此，我们可以得出结论，三大产业低碳发展水平从高到低依次为第三产业、第二产业、第一产业。一个地区要想实现低碳经济，重要的一步就是引导该地区产业结构向三、二、一的方向演进和发展。旅游业作为第三产业的重要组成部分，因其自身的独特性和天然优势，成了发展低碳产业的理想选择。

二、低碳体育旅游的概念

低碳理念是在全球气候危机日益严重的背景下孕育而生的一种新型发展观念。其核心思想在于减少人类生产生活活动中的温室气体排放，该类温室气体以二氧化碳为主。这一理念与旅游业的结合，催生了一种名为低碳旅游的绿色旅游形式，它强调低能耗、低污染、低排放，为游客带来更优质的旅游体验。在体育旅游领域，低碳体育旅游也开始崭露头角。低碳体育旅游是指通过协调旅游供给要素和旅游者行为模式，实现低污染、低能耗的目标。在打造旅游项目、完善旅游设施、引导旅游消费方式等方面，运用先进的低碳技术，实行碳汇机制，进而实现体育旅游的低碳化。这种新型的旅游发展模式不仅追求经济效益，更追求社会效益和环境效益的最大化，为游客带来更美好的旅行体验。

作为一种新型的旅游发展模式，低碳体育旅游强调对环境的尊重，通过利用相关技术、政策和管理手段，减少二氧化碳排放量，实现绿色环保、可持续发展，保护旅游地的旅游资源，减轻人类旅游活动对自然环境的破坏程度。总的来说，低碳体育旅游是在低碳理念和生态文明理念的前提下形成的，旅游者通过参与旅游活动，实现了碳排放量的降低，在保护生态环境的同时发挥了生态环境效益。

三、体育旅游产业低碳化发展的特征

发展低碳体育旅游是推动体育旅游产业走向低碳化和生态化的关键之举。该产业涉及旅游者、旅游经营方、社区居民以及政府监管部门等利益相关方，以环保、节能、减排为核心理念，将可持续发展思想、低碳发展思想和生态文明思想作为根本指导思想。通过使用低碳技术、清洁生产等先进技术，以降低碳排放、提高能源利用效率为主要目标，构建起一个系统化、科学化的新型发展模式。这一发展模式不仅是对可持续旅游、生态旅游、绿色旅游等理念的生动实践，更是对体育旅游开发、游客消费升级以及旅游价值观的深刻变革。通过资源评估、模式选择等步骤，我们能够更精准地推动体育旅游产业的低碳化进程，最终搭建更加绿色、健康的旅游环境。

低碳经济与体育旅游产业有着千丝万缕的联系。首先，体育旅游作为旅游业的关键组成部分，具有实现低碳经济的优势，其产品形式多样，能耗相对较小，具有明显的节能减排优势。其次，旅游业作为庞大的产业，减排潜力巨大，是降碳和节能减排的重要产业。尽管旅游业本身也会产生碳排放，无论是交通还是人造旅游项目，其能耗和排放量都较大，但其与其他产业的融合能够使体育旅游发挥技术、资源等优势。通过创新旅游产品，转变传统发展模式，体育旅游对节能减排作出的贡献不可小觑。最后，推广低碳理念在体育旅游产业中具有很强的可行性。通过体育旅游活动，游客既能锻炼身体，又能享受愉悦的心情。与其他旅游形式相比，体育旅游建设的重点并不在交通方面。诸如徒步、登山等活动本身就属于低碳活动，在开展时非常适合向参与者普及低碳理念，实操性极强。

具体来说，体育旅游产业在低碳化发展过程中，呈现出了以下几种特征。

（一）低碳化本质

低碳化是低碳产业不可或缺的本质特征，只有具有该特征的产业方能被认作低碳产业，在生产与销售产品的同时做到环境保护。旅游业本身就具有资源节约、环保亲和的属性，这一属性为实现旅游过程的低碳化奠定了天然基础。因此，旅游业是推动绿色发展的先锋行业，在推动节能减排、应对全球变暖方面，具有显著优势。

体育旅游产业的绿色发展转型，是一场对传统旅游价值观的深刻变革。体育旅游提供的服务具有互动性、个性化特点，从项目开发到住宿和交通的各环节，都具有较大的减排潜力。低能量消耗、低污染排放、低环境污染，这三低标准，是实现体育产业低碳化的基石。整个体育旅游产业链需要根据严格的能源消耗、环境质量及温室气体排放标准，采取包括但不限于优化产品设计、完善旅游线路、提升清洁能源使用比例等举措，在每一个环节贯彻低碳理念，优化能源结构、科学利用资源、提高能源利用效率，最终有效地保护生态环境。只有如此，我们才能为体育旅游产业注入新的活力，为游客带来更加健康、环保且富有深度的旅游体验。

（二）生态化体系

体育旅游具有要素综合性、构成复杂性、产业强关联性和经济强带动性等特征，因此，体育旅游产业低碳化发展在自身进行改进与调整的基础上，结合相关支持产业、辅助产业，从而构建系统化、生态化的综合性产业体系。实现与相关产业融合互动、产业链条有机联动的体育旅游产业复合系统低碳化，促进低碳技术和清洁能源在体育旅游产业体系中的利用，统筹体育旅游产业各要素（酒店、交通、景区、娱乐、购物），推动体育旅游产业整体实现低碳化发展，科学处理低碳化发展过程中产业内外部出现的问题与难题，促进旅游业节能减排战略目标的实现。同时，产业化是体育旅游产业持续低碳化发展的途径，是低碳体育旅游产业发展的动力所在。通过能效技术和温室气体减排技术的系统应用，实现体育旅游产业的低碳化建设，进而带动区域低碳旅游和低碳经济的全面发展。

（三）创新低碳技术

在推动低碳经济发展的道路上，新能源技术与碳减排技术的革新成为核心驱动力。随着低碳技术的不断突破，体育旅游产业作为新兴产业正在崛起，体育旅游产业的结构在进行着深度调整与优化。要实现体育旅游产业低碳化发展的愿景，必须积极推动绿色科技前沿技术创新与整合，致力于能源的高效利用和可再生能源的探索开发，引入清洁能源，以推动交通、住宿以及体育旅游活动的低碳化改造，以实现环境友好型社会的发展。同时，将低碳技术与低碳化管理经验融入相关产业链，构建起全面的碳中和体系。这不仅能推动相关产业的低碳协同发展，还能为体育旅游产业体系的节能减排提供强大动力，为体育旅游产业的可持续发展注入绿色活力。

（四）产业规模化

低碳产业是特定地域内具有低碳特性的企业经济活动所形成的集合。与传统的产业相比，低碳产业在技术手段和创新能力上有着显著的优势，也因此要求与之配套的旅游企业应具备充足的生产资源。只有当实力强大的旅游企业在一定区域内集结发展时，才能进一步形成具有低碳特色的体育旅游产业。体育旅游产业低碳化发展的实现,依托于低碳产业、向低碳转变的高碳产业、碳交易产业。这些产业在同一地域发展,生产出低碳体育旅游产品,这些产品构建起一张复杂的产业网,形成规模经济,推动产业高效运作。

四、低碳体育旅游的基础理论

(一)低碳经济发展模式

为了更好地应对全球气候变化、能源枯竭等严峻问题,我们急需在发展经济的同时保护环境,因而发展低碳经济、实现绿色发展已成为全体人类的共识。早在 2003 年,英国政府就已明确提出了"低碳经济"的概念,认为低碳经济旨在通过更少的自然资源消耗和更少的环境污染,获得更多的经济产出,同时为发展、应用和输出先进技术创造机会,推动市场发展,为社会创造更多的就业岗位。这一概念虽备受瞩目,但其具体界定仍待明确。目前,相关领域的研究机构和学者已就低碳经济的界定达成初步的共识:低碳经济不仅是一场能源革命,更是一种以科技创新和管理政策创新为驱动的经济发展模式。它主张减少温室气体排放,推动全球走向清洁、绿色的经济发展之路,其低碳理念的落实涉及政策、技术、产业、城市、生活五大层面。各国需要积极制订相应的低碳城市计划,创新现有能源技术,从而实现能源可持续发展。同时,还要大力发展低碳产业,调整产业结构,革新旧有观念,倡导低碳生活。低碳产业作为低碳经济发展的重要载体,其发展的规模和质量决定了低碳经济发展水平的高低。低碳产业犹如绿色引擎,其强大的产业传递和催化作用能带动传统高碳产业迈向更为绿色的发展之路。它不仅能推动新兴产业蓬勃发展,更能催生新的经济增长点。

低碳经济发展模式不仅意味着经济理论的革新,更意味着生活方式的变革,为全球的可持续发展注入了强大的动力,其作用涉及以下几个方面。一是低碳经济模式的发展引领着全球经济发展探索的方向,各国纷纷探索发展经济同时践行低碳理念的路径,为经济的发展进步注入了新的活力。这一模式的提出不仅在理论上为各国实现经济增长与环保的双赢目标提供了坚实支撑,更在实践层面推动了各国经济政策的制定与实施,为全球可持续发展描绘了新的蓝图。二是低碳经济模式被提出后,全球各国纷纷认识到其重要性,并达成了共识。这一模式不仅为遏制全球变暖势头、保护环境提供了理论支持,还为各国在气候问题上的合作搭建了桥梁。三是可持续发展理念是对人类全面发展与持续进步的深刻描绘,得到了国际社会的一致认同。低碳经济模式是这一理念的实践路径,为人类实现持续发展提供了明确方向。它不仅细化了可持续发展的理念，更将其量化，为人们实现可持续发展提供了可凭借的标准。

（二）旅游可持续发展理论

进入 20 世纪以后，人类开始面临资源短缺、环境污染以及生态破坏等诸多问题，这些问题严重威胁着人类社会的未来发展。为了应对这些挑战，人类于 1992 年召开了联合国环境与发展大会，各国纷纷行动起来，共同追求可持续发展的目标。如今，可持续发展的理念早已超越生态环境领域的限制，涵盖了经济、生态和社会三大层面。经济上的可持续发展为基石，为整个体系提供动力；生态上的可持续发展是基础条件，而社会上的可持续发展则是最终目标。以下是可持续发展理论的基础内容。

1. 经济可持续发展

可持续发展要求经济进步与环境保护的和谐共生。经济增长需以最小的环境破坏和资源消耗为前提，不仅要实现经济总量的攀升，更要追求经济质量的飞跃。同时，必须倡导转变传统的"高耗、高投、高污"模式，迈向"节能、减投、绿色"的发展道路。

2. 社会可持续发展

可持续发展主张实现社会公平，它不仅意味着提升人类生活品质与延长生命长度，更意味着要构建一个平等、自由的社会环境，保障人们包括受教育权在内的所有人权，帮助他们远离暴力的侵害。

3. 生态可持续发展

可持续发展能够协调经济、社会与生态环境的平衡发展。这种发展模式要求人类在发展过程中应当关注大自然的承受能力，将社会经济的进步过程与环保行动紧密结合，以可持续的方式利用资源并评估自然成本，确保人类文明的发展始终保持在可控的轨道上，实现经济与生态的共赢。

从本质上讲，可持续发展是一种平衡满足现今人类需求与未来人类需求的发展。在落实可持续发展的过程中应当注意遵守公平、可持续、共同性和需求导向四大原则。公平原则涉及同代人之间的平等与不同代人之间的平等，要求在分配有限资源时必须兼顾公平，确保每一代人都能享有平等的生存与发展机会；可持续原则则要求人类的生产生活不能超越自然环境的承载极限，将人类活动对自然的损伤降到最低；共同性原则要求世界各国求同存异，将可持续发展视作共同追求。发达国家与发展中国家携手合作，发挥各自的优势实现人类可持续发展的宏大愿景；需求导向原则则要求人类的发展需要满足人类的生理需求，并最终满足人类的全面发展需求。

旅游可持续发展理论是可持续理念在旅游业深化与发展的结果。其核心思想是在满足现代人的旅游需求同时，为子孙后代留下丰富的旅游资源，以此推动旅游业的长期繁荣与稳定发展。旅游可持续发展理论的主要内容如下：以生态保护为要务，旨在在环境能够承受的限度内实现经济社会的蓬勃发展；旅游者需自觉承担责任，增强环保意识，减少对环境的破坏，保证旅游活动对自然友好；旅游业发展需保持动态与持续的态势。政府部门应当依据实地情况灵活调整旅游政策与制度，以推动旅游业的稳健、长远发展。该理论要求兼顾游客旅游体验与地方居民生活品质，要求平衡环境保护与旅游开发的矛盾，寻求自然、经济、社会之间的和谐共生，还要深挖旅游资源的文化内涵，增进居民与游客的互动交流，以实现旅游业的可持续发展。总的来说，旅游可持续发展的关键在于在推进旅游产业建设的过程中，实现经济、社会和生态环境综合效益的最大化。最终目标是实现发展，在保护自然环境的同时，通过旅游经济的繁荣来推动地区经济和社会的整体进步。该目标的实现涉及旅游经济、旅游社会和旅游生态环境三个维度。各个维度之间的互动，不仅影响着旅游业的持续健康发展，更是决定地区旅游业未来走向的关键。

五、发展低碳体育旅游产业的重要意义

（一）带动相关产业发展

作为服务业，旅游业本身有显著的综合性特点，其能够积极带动相关休闲产业的发展，通过加入体育元素，也能对体育相关用品和设施的发展起到积极的带动作用。体育旅游主要是为体育爱好者以旅游的方式提供各种体育休闲服务，从而使体育爱好者参与体育运动的相关需求得到较好满足。

体育旅游覆盖面广，能够在多方面产生积极的促进作用，这突出表现在以下两个方面：一是旅游区游客数量的增多，二是物资以及生活用品消耗速度的加快。为了解决这两方面的问题，就需要发展相关产业，这就为当地居民提供了大量的就业创业机会，这对解决我国劳动力闲置和居民收入不高的问题都有积极的影响，也能间接推动当地经济的发展。当前，很多具备发展体育休闲旅游基础的城市积极引进低碳体育旅游，并开发低碳体育旅游资源，促进经济的健康发展。

（二）有助于传播当地文化

低碳体育旅游本身就是一种社会活动，并且有着显著的休闲娱乐特点，旅游者在低碳体育旅游过程中，能够充分参与相应的娱乐活动，尽情欣赏祖国各地的壮丽风光和体验各民族独特的文化风情，同时也能在体育旅游的休闲活动中放松身心，让工作生活中的压力得到释放。这种旅游方式不仅有助于增强旅游者的耐受能力，还能陶冶情操，增强对自己的信心。

我国地域辽阔，各民族独具特色，由此产生了不同的生活习俗和文化背景。这些差异源于各生活环境和民族信仰的不同，它们共同塑造了我国丰富多彩的民族文化、风土人情和建筑形式。而低碳体育旅游就如同一座桥梁，巧妙地将各个地区、城市和民族连接起来。它不仅加强了人与人之间的沟通与交流，还让不同的生活习俗和文化在碰撞中产生新的火花，为各民族、各地区的文化发展注入了新的活力。

（三）有助于实现长远发展

作为集成性的服务产业，低碳体育旅游以丰富的体育资源为基础。这一新兴的旅游模式的独特之处主要表现在"低碳"二字上。发展低碳体育旅游不仅是践行节能低碳理念、保护生态环境的实际行动，更是一种通过旅游活动来培养大众环保意识、推动节能减排的途径。此举旨在以旅游的形式，让人们在享受自然的同时，也能深刻理解并践行环保理念。

除此之外，也要采取有效措施来进一步加大旅游管理力度，比如，相关旅游开发单位可以开展与专业院校的合作，将两者的优势充分发挥出来，从而共同将专注于低碳环保的体育旅游专业管理人员的培养与培训工作做好，进而达到有效加强低碳体育旅游的管理的目的。除此之外，国家相关部门也要充分发挥政府职能作用。在做好宣传工作的同时，通过相关制度、政策的制定与实施来提高人民群众的环保意识，倡导节能减排，从而促进低碳体育旅游的长远发展。

（四）跟上世界低碳化战略

从低碳角度审视我国的体育产业，其产业布局与自然环境间的和谐程度仍显不足，与国际低碳发展的目标相去甚远。然而，我国庞大的消费市场与丰富的地域资源为体育旅游产业注入了强大的生命力。随着全球环保战略的推进以及世界低碳化发展的要求，体育旅游的低碳发展已成为我国体育产业的重心，也带来了前所未有的发展机遇。

第二节　我国低碳体育旅游的发展现状

我国疆域辽阔，每一个地方都有其独特的自然风光和人文景观。举例来说，东北黑龙江省的冰雪资源尤为丰富，不仅在国内首屈一指，还为国际滑雪节提供了绝佳的场地，其滑雪旅游产业蓬勃发展。而青岛作为海滨城市则以其足球和田径体育文化闻名，并由此发展出广受欢迎的体育旅游赛事项目。我国丰富的自然资源与人文底蕴支持着体育旅游产业的发展。从发展现状来看，低碳体育旅游产业不仅有着其巨大的发展潜力，也面临着诸多挑战与机遇。

一、优势和劣势皆有

（一）优势

我国低碳体育旅游产业的发展具有得天独厚的自然环境优势，客源、品牌资源丰富，体育文化资源也独具魅力。首先，我国地域辽阔，地理环境和气候多样，为各类体育旅游项目提供了丰富的资源。在碧海蓝天之下，沙滩足球、沙滩排球等海滨体育项目的发展如火如荼；在群山峻岭之中，攀岩、登山等户外活动让人流连忘返；在气候适宜、地势优越的地区，滑雪、跳伞、溜索等极限运动项目更是吸引着世界各地的游客。此外，我国游客资源丰富，不仅国内游客数量庞大，还有大量国外游客。据旅游部门统计，2023 年端午假期，四川省"全省纳入统计的 833 家 A 级旅游景区共接待游客 1079.26 万人次"[①]。近年来，我国政府大力推进体育旅游产业的繁荣发展，不仅在政策上给予支持，如优化人们的假期结构，推出小长假、大周末等，还在经济上减免旅游相关费用，这极大地推动了我国旅游经济的增长。其次，我国体育旅游城市还在品牌建设和广告宣传上大做文章，打造出独特的城市名片，在国内外享有盛誉。随着中国经济的蓬勃发展和科技时代的来临，我国已在全球舞台上崭露头角，并扮演举足轻重的角色。2022 年，我国举办的第 24 届冬季奥运会不仅为体育旅游产业注入了新的活力，更将文化与体育紧密结合，呈现出独特的魅力。此外，各类大型赛事的举办也极大地推动了我国体育旅游的快速发展。

[①] 吴梦琳、成博：《端午小长假，全省 A 级景区接待游客 1079 万人次》，《四川日报》2023 年 6 月 25 日第 1 版。

(二) 劣势

随着体育旅游产业的飞速发展，我国逐渐显露出一些问题，如旅游城市间缺乏统一的组织框架，服务设施滞后，服务理念未跟上发展步伐，体育旅游产品分布不均，专业管理营销人才匮乏，等等。这些问题亟待解决。

就当前我国体育旅游的形势而言，专业人才短缺已成为制约其快速发展的关键因素。各大景区在管理与营销领域的人才缺口较大，这或多或少地拖慢了整个行业的发展。此外，我国部分城市未在体育旅游产业领域做好资源整合，导致体育项目模式趋同，不仅在一定程度上造成了资源的浪费，还影响了各地体育旅游特色的形成与推广。

二、机遇和危机并存

随着全球的环保意识的觉醒，我国政府正积极推动低碳体育旅游发展，并为此出台了一系列优惠政策，大力支持低能耗的体育旅游产业。这一产业以其低能耗、低污染、低物耗、低排放的特点，正逐渐成为未来经济发展的新动力。各体育旅游城市应依据国家政策与地方规划，大力投资体育旅游相关的软硬件设施建设，打造特色旅游项目，从而实现城市体育旅游的全面发展，为游客提供更多元化、更优质的体育旅游体验。

当然，我国低碳体育旅游也正面临着多重挑战。体育旅游市场内不同项目间的竞争如火如荼，邻近区域的旅游产业也竞争激烈，还有不少体育旅游产业在可持续发展方面遭遇了瓶颈。体育旅游行业整体架构尚待完善，企业纷纷效仿优秀的项目模式，导致出现一些雷同项目，在一定程度上削弱了项目的吸引力。由于自然环境存在同质性，旅游地区间对体育赛事举办权的竞争激烈。同时，部分体育活动由于季节等原因呈现出了周期性特点，很难长期且持续地吸引游客。若不能及时解决项目的周期问题，游客的兴趣终有一日会被消磨殆尽。为追求利益最大化，某些体育旅游项目甚至不惜牺牲旅游区的生态，还有一些旅游景区的管理体系仍然存在漏洞，这些情况导致景区资源很难维持可持续发展的态势。

第三节　我国体育旅游低碳化发展的限制因素

一、政策体系不完善

政策是产业发展的制度保障，体育旅游产业低碳发展仍需政策支撑。2021年国务院办公厅印发的《国务院关于加快建立健全绿色低碳循环发展经济体系的指导意见》中指出，全方位全过程推行绿色规划、绿色设计、绿色投资、绿色建设、绿色生产、绿色流通、绿色生活、绿色消费，建立健全绿色低碳循环发展的循环经济体系，广泛形成绿色生产生活方式。提高旅游产业绿色发展水平，加快旅游业结构升级，促进生态优先、绿色低碳发展是旅游产业低碳发展的必由之路。我国旅游业的低碳发展之路已进入战略部署阶段，但体育旅游产业低碳发展仍处于初探阶段，多维度的政策支撑还未及时跟进。

宏观层面：在2030年前实现"碳达峰"与2035年建成"体育强国"的双重背景下，体育旅游产业仍需贴合生态文明建设，发挥其生态效益。但目前，我国暂未出台低碳发展的中长期战略规划，体育旅游产业也未纳入国家降碳减排的重要行业领域中，也未具体明确其降碳减排的核心领域与方向。

中观层面：一方面，体育旅游产业结构优化政策没有将"低碳"这一元素纳入产业结构调整的衡量标准之中，体育旅游产品制造业、体育赛事运营业、休闲健身业和康养旅游业等领域低碳发展策略仍不清晰；另一方面，体育旅游产业组织政策暂未将"降碳减排""低能耗"发展作为市场、消费和企业低碳化发展的主要目标，导致产业各领域低碳化发展的治理与协调能力较为薄弱。此外，体育旅游产业的政策布局未将低碳化发展作为区域发展的主攻方向。

微观层面：体育旅游产业低碳化发展的相关企业税收优惠福利政策还未制定，体育赛事低碳场馆、体育旅游低碳企业和体育旅游低碳示范区的扶持机制暂未实施，产业低碳化发展的用地保障、监管和金融扶持力度仍显不足。

二、缺乏技术支撑

低碳技术属于高新技术，在我国尚处于研发完善阶段，还未形成成熟的技术体系。具体而言，低碳技术可分为降碳技术（或减碳技术）、无碳技术与去碳技术，其中降碳技术是针对高能耗、高碳排的减碳手段，无碳技术包含太阳能、风能等可再生能源技术，去碳技术有碳捕获和碳埋存技术等。现阶段，体育旅游产业的产品经济与技术研发一贯延续着传统旅游业长期发展形成的范式与思维模式，产业动能转化不足，低碳技术的应用缺口明显，具体可实施、可操作的产业低碳行动规划缺乏低碳技术的支撑，无法有效促进体育旅游产业低碳转型。

（一）低碳技术的应用缺口明显

在体育旅游产业发展中，高能耗、高碳排的生产经营方式出现在各发展环节中，如体育旅游景区建设中煤、油的大量使用等。我国发电以燃煤发电为主，大多旅游出行涉及的用电均来自燃煤发电，体育旅游景区自主使用的太阳能发电、风力发电极为稀少。此外，旅游出行的汽车尾气排放、为维护体育运动器材而使用的燃料等均会产生大量的二氧化碳。公路运输所产生的碳排放占我国交通运输领域总碳排放的绝大部分。由此可见，在旅游出行中燃油交通工具的使用所产生的碳排放量非常大。体育运动鞋服的生产亦是如此，"研究发现，生产一双新的跑步鞋将释放出 13.6 千克的碳排放"，[①] 而中国作为全球运动鞋生产基地，每年要生产上千万双运动鞋，造成极大的碳排放量。

（二）资源开发与产品创新未引入低碳技术

体育旅游低碳资源开发与产品创新是产业低碳发展的基础，产业设施设备的引进、运动器材的生产、体育场馆与景区规划、旅游产品的研发与创新等环节嵌入低碳技术是促进产业低碳发展的重要手段。然而，在体育旅游资源的挖掘过程中，无碳技术与去碳技术的引入较为欠缺，对资源的保护未凸显低碳特征。如挖掘开垦体育旅游资源（山、河流等自然生态）时，依然延续粗犷的开采方式，大肆挖掘、肆意破坏、乱砍滥伐，为追求工业化、商业化对生态环境造成不可逆的损伤，少有开发者在资源开垦与挖掘的过程中使用低碳技术。此外，产品生产与研发的低碳材料运用较为匮乏。如在滑雪板、自行车、冲浪板等体育旅游产品的生产中，高密度纤维板、碳纤维复合材料等低碳环保材料、可循环利用材料应用不足。

三、市场规范性不足

当下体育旅游市场规范性有待提高，主要问题在于市场低碳运营标准与监督管理条例缺乏。

---

① 解放日报：《运动鞋碳排放超预计》，（http://www.people.com.cn/24hour/n/2013/0602/c25408-21701991.html）。

（一）缺乏低碳运营标准

体育旅游市场运营标准是拓展产业发展广度与深度的重要因素，是推动体育旅游市场低碳发展的重要动力。然而，我国体育旅游市场的运营相对较为复杂，以资源特性为基础的体育旅游市场显现出较强的区域性、分散性特征，并没有形成强有力的区域联动发展机制与运营机制，导致市场发展的层次化差异较大、运营标准难以统一。因此，就体育旅游市场低碳化发展来说，低碳运营标准与监管制度还未形成。市场运营体系不健全，技术服务体系不合理，难以制定市场低碳发展的行业准入标准、运行目标、考核标准和奖励措施，在一定程度上制约了体育旅游市场的绿色低碳发展进程。

（二）缺乏监督管理条例

体育旅游市场的监督管理条例是推动市场向制度化、标准化、科学化和合理化发展的重要保障。当前，我国体育旅游市场的低碳监督管理条例尚未明确，碳排放管理措施没有全面铺开，中小微企业占据了市场发展的主体地位，龙头企业、大型企业较为稀缺，难以对其进行自上而下的低碳监督管理。以马拉松赛事旅游为例，"2023年，全国范围内共举办路跑赛事699场"[①]，且数量还在不断攀升，线上马拉松更是吸引了大批运动爱好者的参与，针对参与者众多的马拉松赛事，就人均碳排放量与碳足迹短期内难以形成高效的碳排管理条例，且对赛事筹备、赛事场馆运营和赛事仪器设备等产生的碳排放量也难以捕捉。虽然我国推出了碳足迹跟踪仪与碳监测系统，但因参与体育旅游人群基数的不稳定与不确定性，加之碳足迹跟踪技术成本高昂，其无法在短期内全方位地应用于体育旅游赛事中。因此，对于市场监管部门而言，低碳监督管理条例的制订与保障人均碳监测系统的运用成为市场管理部门亟须突破的重要难题。

四、消费者低碳消费意识不足

消费者的低碳消费意识限制了低碳体育旅游的发展。低碳消费意识是指消费者在满足低碳需求时，通过寻找、购买、使用和评价商品与劳务所表现出的一切脑体观念。消费是促进市场运行、产业发展的主要环节，是激励生产的起点，是与经济互动的终端，也是活跃低碳经济、践行降碳减排的主要来源。近年来，随着体育旅游产业规模不断壮大，体育旅游经济持续增长，体育旅游消费人群不断

---

① 中国田径协会：《2023中国路跑赛事蓝皮书》（https://www.athletics.org.cn/news/marathon/2024/0322/599089.html）。

扩增，体育旅游产业的经济效益也显著提升。《"十四五"体育发展规划》中提出了2025年"居民体育消费总规模超过2.8万亿元"①的目标，我国人均体育消费能力将明显提高。然而，消费者的低碳消费行为意识仍较为薄弱，具体表现如下。①从消费者对低碳消费的认知来看，体育旅游活动人群对低碳消费的认知较差，对低碳产品的了解较浅，对生态环境的保护意识不够。在购买与使用产品的过程中，往往不会将购买产品的属性与低碳环保紧密联系在一起，而是以当下需要、内心满意和产品的表现形态等决定自身的消费行为，对购买可循环利用的外包装产品、对使用环境污染气体排放较少的交通工具等的主观认识不到位。②消费者的低碳体育消费行为意识薄弱。我国参与体育旅游人群以参与型和观赏型为主，消费者在参与体育旅游活动的过程中，对环境保护和低碳出行的意识较为薄弱。以重庆马拉松赛（以下简称重马）为例，重马每年拉动体育旅游消费上亿元，在这丰厚经济效益的背后却是严重的环境污染问题。"据重马组委会历年数据统计，每年的重马比赛平均将产生30万个饮料瓶、用到60万个纸杯"②，这对生态环境的承载能力提出了较为严峻的挑战。此外，体育旅游低碳消费行为（如低碳出行、低碳住宿、低碳饮食、低碳购买等）意识欠缺和对个人碳足迹的客观了解不够，致使难以形成有效的低碳消费行为意识。社会大众的低碳理念与行为是我国实现体育旅游低碳化发展最为重要的一环，消费者对我国低碳发展的概念、目标、行动轨迹和碳排放标准等的认知没有形成良性循环，进而导致了社会低碳发展的行为意识与体育旅游低碳化发展目标相背离。

五、企业未树立低碳发展理念

（一）未形成绿色低碳发展的理念共识

我国体育旅游产业以中小微企业为主，集中分布于体育旅游资源丰富的地区，但企业自身资金不够充裕，导致部分企业以提升经济效益为主，而忽略了生态效益的发展。鲜有企业将绿色低碳理念当作发展目标。究其原因，体育旅游企业制约于资本薄弱、竞争激烈、资源有限、技术限制等因素，难以形成生态环境保护的企业发展方向，因此绿色低碳理念也难以形成行业发展共识。

---

① 国家体育总局政策法规司编：《"十四五"体育发展规划文件资料汇编 第1册》，北京体育大学出版社2023年版，第6页。
② 宋剑、张瀚祥：《重马倒计时8天：让人头疼的垃圾问题有望解决》（https://www.cqcb.com/hot/2019-03-23/1515338_pc.html）。

（二）对自身与碳排放关联的认识不足

体育旅游企业与碳排放关联的客观认识不到位。在高碳能源结构下，工业生产与社会生活的碳排放是导致全球温室气体排放逐渐增多的主要原因。随着人们对幸福健康生活的追求逐步加深，体育旅游产业迎来新一轮发展机遇，体育旅游景区运营、产品加工与生产、交通出行、旅游服务等均会重新兴盛，但同样面临的是碳排放量的陡增，偏离体育旅游产业低碳发展走向。如景区游客聚集不仅会产生大量的二氧化碳，其产生的白色污染、水污染等对环境的承载力也提出了严峻挑战。

（三）低碳发展意识薄弱

体育旅游产业从业人员低碳发展意识薄弱，从事体育旅游相关行业的企业家或工作人员，难以从产业宏观发展角度来审视产业绿色低碳发展现状以及自身的低碳行为，消费者与游客亦是如此。此外，体育旅游产业横跨体育与旅游两大支柱型产业，具备两大产业的发展特征，亦面临着同样的发展困境。就产业低碳转型而言，以体育发展为核心的产业普遍面临发展粗放、基础设施建设滞后、人才培养短缺等问题，同时还承担着转型升级与降碳减排的多重压力。

六、碳盘查核算难度大

区别于能源、工业、交通等行业碳排放盘查方式，体育旅游产业不仅需要核算产业运营的温室气体排放，还涉及计算产品与服务的温室气体排放，户外行为特征所产生的碳足迹追踪等。

（一）产业链各环节碳排放量大

产业在建设、研发、生产、加工、销售等环节所产生的碳排放量大，碳核算难度陡增，高新科技赋能匮乏，致使产业碳排放核算环节难以落实。体育旅游企业的温室气体排放可通过运用高科技碳捕捉技术实行核算。大型体育赛事旅游服务的碳排放问题日益凸显，与企业的碳排放相比，其核算边界模糊，数据收集困难重重。大型体育赛事的筹备、运营至结束的过程，涉及组织者、工作者、消费者等多方，碳排放源更是高达百项。在策划初期，应全面核算新建设施、通信技术、交通网络及配套服务的碳排放量，同时精确计算团队成员的碳足迹。值得注意的是，赛事举办期间，除统计场馆、运动员及赞助商的碳排放，观赛游客是主要碳排放来源，对他们碳足迹的追踪通常十分不易。

（二）资源和产品种类多

体育旅游资源与产品种类颇多，涉及范围广，任何一种资源或产品在社会生产中所产生的碳排放量都难以形成科学的勘测与盘查。体育旅游产业在碳盘查核算过程中所涉及碳排放的捕捉与计算操作难度大，难以在建设中全面铺开这项工作。

七、要素市场化配置效率低

在低碳发展目标下，体育旅游市场发展格局逐步更新，体育市场发展水平逐步提升，绿色体育产品与服务的供给更加活跃。市场生产要素的有效嵌入与低碳发展密切相关，而目前我国各地发展基础和资源禀赋不尽相同，土地、数据、人才等要素市场化配置效率偏低，有效支撑不足。

第一，建设用地问题突出。在用地指标上，如果政府预留建设用地指标不足，还需要变更土地性质，从区域整体规划中进行调配，要通过征地将其转变为国有建设用地才能使用，这就导致企业用地的操作流程复杂、耗时较长、用地价格较高、获批较难，使项目搁浅，造成企业开发时间和成本增加，违背了绿色低碳理念的初衷。第二，数据要素流动不充分。从体育旅游的演变看，数字化赋能是推动其高质量发展的重要途径。传统体育旅游是一个孤立的业态系统，其数字化网络技术平台建设落后，政府、企业、群众的协同大多依靠语言、文字，甚至是经验，但随着规模的扩大，传统数据系统落后、信息要素不易流通、大量有效消息隐藏于内部系统，导致资源循环受阻、体育产品迭代周期延长，企业出现"转不起、转不来、转不动"的现象，高碳要素的投入与资源消耗易导致生态负效应。第三，管理人才要素供需失衡。一个行业或者一个产业想要得到发展，与高级管理人才的专业性以及后备人才的储备有着不可分割的联系。但是从当前的形势来看，无论是体育产业还是旅游产业，都与低碳体育旅游产业的管理是不相适应的。管理人才的不足，会制约甚至阻碍产业发展。想要从根本上改变这种现状，重中之重就是要制订强有力的人才培养计划，并加以实施。

第四节 低碳经济视角下我国体育旅游发展的策略

从低碳经济角度出发，我国需积极发展低碳体育旅游产业，为低碳技术进步注入源源不断的活力，从而推动低碳经济和低碳生产力的发展。低碳体育旅游产业将成为地区旅游产业中不可或缺的竞争力量。其发展及优势的打造，可从以下几个方面入手。

一、树立低碳发展理念

旅游业曾被企业家们认为是低投资、高回报的绿色产业，然而，现行的旅游发展模式和观念已显露出一系列问题。传统的体育旅游产业观念多以短视的利益至上原则为导向，缺乏对体育旅游资源保护的重视，过度追求经济利益而忽视了生态效益，导致了资源浪费和环境破坏。在规划体育旅游项目时，不少开发者缺乏环保意识，未能精准评估项目的生态效益与潜在价值，导致体育旅游资源的过度开发与浪费，给自然环境带来损害。此外，传统的体育旅游产业观念常将体育旅游视作一种随心所欲的娱乐，忽视了提升游客的环保意识和低碳生态意识的重要性。环保性与可持续性是低碳体育旅游的独特特征，也是推动体育旅游产业绿色发展的基石。因此，我们需摒弃与之冲突的传统体育旅游产业观念，全面倡导低碳与环保的生产、生活方式，让低碳理念深入人心。通过倡导低碳消费，引领旅游产业向绿色化、高效化发展，提升能源利用效率，从而推动旅游经济结构的优化与升级。

（一）加强低碳、环保旅游宣传教育

应加强低碳环保理念的宣传与教育，增强体育旅游者的环保责任意识，借助多媒介平台及社区宣传等途径，深化旅游者对低碳旅游、节能环保理念的全面认识。应当引导旅游者摆脱传统观念的束缚，摒弃过度消耗资源的做法，树立起低碳消费理念。旅游者通过各种形式的活动，更积极地承担起环境保护的责任，将低碳体育旅游内化为自身行为准则。如此，不仅能有效降低能耗、减少污染，还能提高旅游者在体育旅游中的文明健康意识，形成一种新型的、自觉的旅游文化风尚，进而控制碳排放，打造绿色、健康的体育旅游新生态。具体来说，为了培养游客的低碳旅游观念，应倡导他们选择绿色环保的旅游方式。比如，在游客挑选餐饮住宿时，可鼓励他们优先选择低碳环保的旅游酒店，减少一次性餐具的使用。在游客出行时，鼓励他们选择环保交通工具。在游客旅游过程中，鼓励他们购买低碳、环保的纪念品，引导他们拒绝高碳的旅游项目，以此来为支持低碳事业尽一份力。

（二）政府加强舆论和政策引导

政府应积极推广低碳旅游的理念，利用多元媒介与渠道，深度宣传其对社会经济发展与环境保护的重要性；邀请各大媒体及时报道低碳体育旅游的动态，通过多角度、多维度的宣传方式展现其益处，让公众从不同途径深刻认识到低碳体育旅游带来的社会与环境价值。例如，2008年北京奥运会青岛奥帆赛的盛大举办，极大地推动了全国帆船运动的发展潮流。这不仅为青岛市带来了丰厚的财富，更显著提升了其在全国旅游业中的影响力。政府应当致力于构建一个促进低碳体育旅游产业发展的政策环境。这不仅意味着要激励企业研发和生产低碳体育旅游产品，更要倡导旅游者采纳环保的旅游方式。应在社会范围内营造浓厚的低碳体育旅游风气，参考国际标准制定与地方特色相适应的低碳体育旅游认证体系，规范旅游项目的碳排放量。同时，我们积极建设低碳旅游景区，从资金、政策、土地等多个方面提供保障，让更多的人了解并参与到低碳体育旅游中来，使低碳活动成为生活的一部分。

二、创新生产要素

美国知名战略管理专家迈克尔·波特提出了"国家竞争力宝石模型"，他强调了决定国家或地区产业竞争力的六大关键要素：需求条件、相关与辅助产业的状况、企业策略、结构与竞争者、机遇以及政府。从这一模型中我们可以发现，生产要素决定了国家或地区产业的国际影响力。与传统产业相比，低碳产业在技术革新与经济观念上发生了重大转变。低碳产业的核心是对低碳技术进行创新应用，特定的生产要素在这一过程中被用以支持低碳行业的发展。这些要素的结构与常规产业相比更加科学和环保。为了推动低碳体育旅游产业的发展，我们应着眼于创新生产要素。这需要投入高端、专业的资源，如人力资源、知识资源等，它们是体育旅游产业走向低碳化的重要保障，也是其竞争优势的源泉。因此，体育旅游产业的创新与升级，其关键在于低碳化生产要素的投入，这些要素的多少与优劣，直接决定了产业的走向。而高端的生产要素如顶尖学府与研究机构、高素养旅游人才资源等并非能够在短时间获得，而是需要细水长流地经营与维护；专业生产要素是推动体育旅游产业迈向低碳化发展的关键元素，涉及技术专家、低碳设施等。在体育旅游产业的低碳转型过程中，低碳产品的产业化具有重大意义，技术创新则是推动低碳体育旅游产品产业化最关键的生产要素，不可或缺。

（一）创新低碳技术

首先，应充分利用技术优势，积极推动低碳技术的创新研发。我国在技术领域拥有显著优势，应以此为依托，强化关键技术的突破。其次，应积极开展碳捕捉、碳封存以及减量化等前沿技术的研发，将这些先进技术巧妙地融入体育旅游项目设计和旅游产品开发的过程，从而推动传统高碳体育旅游产业向低碳产业的转型，进而提升体育旅游产业的低碳化水平，为可持续发展注入新的活力。最后采用绿色技术，如节能环保技术、生态恢复技术，规范化建设体育旅游场地和基础设施。这不仅能完成体育旅游项目的低碳化转型，还能有效采集和处理低碳化数据，为体育旅游产业的可持续发展提供实质性的指导和支持。

旅游行业应积极引入相关技术，政府则应对一批以科技创新和低碳环保为核心的旅游企业进行资金扶持，帮助其平稳发展。景区、饭店等旅游相关企业应广泛运用新能源与新型材料，实施节能、节水改造，积极推广高效照明技术，合作构建绿色生态旅游企业集群。旅游餐饮与住宿行业作为能源消耗的大头，须积极进行技术革新。交通运输部门应严格控制高碳排放量交通工具的使用，积极推广以太阳能、天然气等清洁能源为动力的汽车和船只。景区内，可规划低碳体育旅游线路，倡导绿色出行。住宿行业可大规模采用太阳能技术，引入智能节水系统，对住宿设施进行精细改造。同时，还应加强对资源的回收利用，提升酒店运营效率。此外，还可以开发智能能源管理系统，实时监控并优化能源使用，以科技力量助力绿色旅游。

（二）加强人才培养，夯实创新基础

大力引进、培育和壮大低碳体育旅游人才队伍，创新人才引进、成长与激励机制，构建人才发展政策体系。首先，应当落实高级低碳专业人才的引进与扶持措施，增设重点科研站、博士后研究工作站以及科技创业中心等多元化创新平台，为高端低碳人才的培养提供有力支撑。这些举措将有效促进体育旅游产业的绿色发展，储备丰富的人才资源。其次，应当利用多元化培养模式，全面推进多层次低碳体育旅游人才的培养工作。加速高级专业技术人才的培育进程，精心选拔并培养具备高素质、实践能力的青年科技骨干。通过整合低碳旅游教育资源，强化区域间低碳旅游创新技术人才的合作培养，全面提升技术人才的专业水平。此外，还需加强学科建设，使低碳体育旅游专业的设置更加科学，以专业发展助力产业进步，同时，还应建立严格的低碳体育旅游职业资格审查制度。

三、进行统筹规划

"十四五"期间,中国积极进行低碳旅游的宣传工作,为旅游产业的转型发展规划出宏大蓝图。低碳体育旅游的发展,需要从高层次视角进行战略规划和整体设计,为其指明低碳化的发展方向与趋势。《"十四五"旅游业发展规划》着重强调了发展旅游产业面临的机遇和挑战,要求旅游业的发展应当因地制宜、突出特色,倡导游客采用健康、文明、绿色的旅游方式,并大力建设旅游节能节水减排工程。体育旅游产业须遵循"生态优先、绿色发展"的开发路径,以实现规范、高质高量、高经济效益的低碳化发展。

(一)明确低碳体育旅游的战略地位,加强支撑保障

我们应当从宏观视角审视旅游产业,认识到低碳体育旅游的战略地位。它不仅在产业结构调整和产业布局优化中发挥着重要作用,还对推动低碳技术创新和基础设施建设起着关键的支撑作用。这种新型的旅游方式,不仅能够在环境层面带来显著效益,同时带来了巨大的经济效益。在规划体育旅游产业低碳化发展的路线时,应当遵守以下四大原则。一是科学合理原则,要求低碳体育旅游的发展需在区域资源与生态的承载能力限度内进行。在满足当地居民需求的同时,保障后代人的发展权益,从而推动体育旅游产业稳健、长久发展。二是技术引领原则,致力于推动新能源技术与节能减排技术的飞跃发展,通过深度研发与大胆创新技术,借助科技力量为低碳体育旅游的繁荣发展注入新动力。三是重点突出原则,要求旅游企业将节能减排工作的重心放在餐饮和住宿等能源消耗巨大的领域。只有集中力量攻克这些领域,才能更显著地获得低碳成效。四是综合协调原则。低碳体育旅游的推进需要统筹多个相关产业的协同发展,这些产业间的关系错综复杂。因此,必须全面协调各产业的发展方向、发展策略,在整体上优化企业可持续发展的路线。

(二)制定低碳体育旅游产业发展规划

在科学发展原则的指导下,做好低碳体育旅游产业发展的规划工作。科学且精准的旅游规划对于体育旅游产业低碳化发展来说尤为关键。在制定发展规划前,应深入研究当地资源的特色,全面评估体育资源环境的承载能力,并确保所有开发活动都在其承受范围内进行。根据资源特性和环境条件,精心策划开发层次、类型及规模,并根据区域内不同资源特色进行功能分区,以实现资源的最大化利用和环境的和谐共生。例如,山东半岛在制定低碳体育旅游产业的发展规划

时，可将地域细分为青岛、烟台、威海等滨海城市构成的外向型区域，包括东营、淄博等地在内的黄河三角洲地带、以潍坊为代表的滨海与黄河三角洲之间的过渡地带。这些分区均受核心城市引领，共同营造绿色低碳的消费氛围，促使消费者的消费习惯更为环保，最终推动体育旅游产业低碳化发展。为了降低游客在景区间流动所产生的碳排放，可以增加连接各景区的公共交通线路。如此一来，游客能更轻松地选择公共交通出行，从而有效减少碳排放量。同时，依据各城市的独特资源优势，打造地区间的联合互动体系，让游客在短时间内畅游更多目的地，这样可以减少资源消耗，使得体育旅游在环境友好的同时带来更为显著的社会效益。

（三）完善相应的法律法规政策支持体系

为了推动体育旅游产业的低碳化发展，必须构建一个全面的法律法规支持体系，可通过完善现有的法律法规保证低碳理念深入人心。同时确立碳排放计费制度，为旅游者设立碳排放约束。要明确相关法规中低碳经济的发展方向，同时完善监管机制，促使相关人员增加执法力度，确保低碳经济法规在体育旅游产业中得到有效落实。为推动低碳旅游产业的稳健发展，需要构建一个综合的、富有创造力的低碳体育旅游体系。这一体系应能满足不同利益相关者的需求，实现各方的互利共赢。政府应承担起引导职责，发布明确的低碳旅游政策，为整个产业提供方向性指导。旅游企业则需致力于提供环保、低能耗的旅游产品，引导游客采用低碳化的旅游消费方式。旅游目的地应打造具有吸引力的低碳旅游景点，以低碳化原则为根本遵循，对基础设施进行建设和管理。借助区域低碳旅游的发展，可进一步推动低碳体育旅游产业的进步。如此一来，各主体能更明确自身的职责和任务，共同推动体育旅游的低碳化发展。

四、调整产业结构，转变发展模式

（一）优化体育旅游产业结构

促进体育旅游产业低碳化转型的关键在于产业结构的优化升级。产业结构的优化升级在本质上意味着转变产业发展的路径。旅游产业的结构涉及游览、住宿等方面。在体育旅游产业链的蓬勃发展过程中，各行业间的精细分工成了产业结构优化的关键驱动力。我国体育旅游产业规模日渐壮大，已成为重要的国民经济产业。为了推动体育旅游产业低碳化发展，我们必须摒弃传统模式，转向低投入、高回报的新型发展路径，从而实现产业的持续繁荣与发展。体育旅游产业正逐渐向集约化方向转变，加速了产业的低碳化进程。随着体育旅游产业转型的深化，体育旅游产业正从粗放模式转变为集约型、高质量、技术密集的模式，其发展也从低端迈向中高端，展现出了强劲活力。我国正处于旅游产业升级的黄金时期，亟须推进大型体育旅游项目建设，以提升旅游产业的层次。可以打造一系列高端体育旅游项目，如海岛探险、冰雪运动等，增强游客的参与感和体验感。同时，还应在项目建设中贯彻低碳环保理念，保护生态环境。在海岛地区，可以开发垂钓、登山探险等项目，让游客在尽享体育运动乐趣的同时，也能欣赏到美丽的自然风光。在建设这些项目的过程中，必须遵循低碳化的原则，爱护景区生态环境。

（二）加强体育旅游生态化建设

体育旅游产业的生态化发展是推动其向低碳模式转型的关键路径。我们应秉持绿色环保的核心理念，特别关注对自然、文化旅游资源的保护。维护好旅游地的景观与文化资源，在经济利益与生态效益间找到平衡，从而推动体育旅游产业向着更为低碳、可持续的方向发展。低碳体育旅游的进步应依托体育旅游产业结构的合理塑造。这要求我们进一步挖掘体育旅游资源潜力，提升其使用效率。但当前体育与旅游两大领域的融合尚显不足，体育旅游产业的资源未被完全开发。在这种情况下，体育旅游产业的生态化建设至关重要，它不仅有助于产业结构的优化，还能降低旅游资源的消耗，带来经济效益。在推动体育旅游持续发展的过程中，我们应着重提升其影响力，巧妙利用体育旅游的重复性特点，对体育旅游产品进行深度开发，以改变当前以观光为主的消费模式。这样不仅可以提高体育旅游资源的利用效率，还能进一步推动低碳、环保的体育旅游消费模式的形成。

（三）加快体育旅游产业制度创新

积极创新体育旅游产业相关制度，推动其向低碳、绿色发展模式转型。在现有高碳经济框架下，对产业链条和产业结构进行深度优化，尤其要降低高能耗体育项目在整体产业中的比重，逐步将其替换为低碳、环保的体育旅游项目。政府在明确体育旅游产业低碳化目标后，应遵循产业发展规律，利用好经济杠杆和法律手段，调整产业结构与布局，优化社会资源配置。通过持续、稳定、健康的发展策略，推动整个产业顺应产业发展规律，实现产业的创新与升级。围绕制度创新，积极构建体育旅游产业的低碳发展体系，推动落实产业环节的节能减排，以实现各环节的协同低碳化。只有这样，我们才能开启体育旅游产业的绿色生态发展之路，使其向着低碳环保的方向不断迈进。

五、优化产业布局，加快产业融合集聚

（一）加快低碳体育旅游产业融合发展

体育与旅游的跨界融合，可以进一步推动体育旅游的蓬勃发展，并强化其市场竞争力。这种融合不仅指体育旅游与其他产业的交织渗透，更涉及体育旅游内部各类产品的关联。这种关联不仅改变了原有产业的特性，更催生出全新的产业动态。在推动融合的同时，我们还应注重体育旅游产业的低碳化，进而动态、可持续地实现体育旅游产业的发展。

体育旅游产业的融合涉及内外两个维度，即与相关产业的外部融合和产业内部的深度融合。这种融合能够构建环保低碳的产业链条，进而推动低碳化的发展趋势。与体育旅游相关的产业，涵盖了为其提供基础资源与服务的上游产业，也包括了与体育旅游产业相互依存、共享技术和服务渠道的下游产业，如交通、餐饮等行业，这些产业共同构建了多元化、互动性强的产业生态。体育旅游产业与其他产业融合，构建了一个以资金和技术为驱动力量的专业化合作网络。这一融合不仅强化了体育旅游企业与相关产业的合作关系，还催生了战略联盟和合资企业等新型组织形式。同时，企业内部间的融合加速了信息流通和知识共享，实现了优势互补。这种融合模式推动了企业技术和服务的创新，为体育旅游产业带来了前所未有的发展机遇。在推动低碳体育旅游产业融合的道路上，我们必须深刻了解各产业的核心价值和潜在优势，精确评估融合效果；政府应当适度放松对产业的管制，完善相关政策和法规，从而激励相关行业积极融合。政府还应构建高级别的协作平台，在低碳体育旅游的发展中充分发挥领导力，引领整个产业走向融合；在推动低碳体育旅游产业融合的进程中，各利益相关方应遵循明确的规范和准则，明确各自职责与目标。同时，各方应加强协作与联动，实现共赢。应建立并优化体育旅游收益共享机制，为低碳旅游产业融合发展提供坚实保障。在产业融合进程中，应积极挖掘并利用各类社会资源，吸引民间资本的参与。政府需通过加强基础设施建设及扩大公共服务范围来营造良好的产业融合环境。产业融合帮助低碳体育旅游产业实现价值链重构，降低了资源损耗，实现产业与生态的和谐发展。

（二）加快低碳体育旅游产业集群发展

各地政府应依据当地特色，精心策划体育旅游产业的低碳化发展进程。通过优化资源配置，提高体育旅游生产要素的使用效能，推动低碳体育旅游及相关产业在区域内蓬勃发展，形成体育旅游产业集群。体育旅游产业集群的发展壮大，主要得益于产业链上各企业的紧密联动。需要强调的是，同类型企业间存在一定的竞争，若想推动低碳体育旅游产业集群的进一步发展，需在保持地方特色的基础上，注重内部产业的多元化。以东北部地区为例，呼伦贝尔有着辽阔的草原和高级赛马场，可以发展骑马、马术比赛等项目；哈尔滨作为知名的冰雪城市，可以发展滑雪、冰雪节等项目。以山东地区为例，青岛作为海滨都市，凭借其海洋资源巧妙地打造了帆船比赛体育旅游项目；淄博作为世界足球的发源地，则以其深厚的蹴鞠文化为根基，推动足球体育旅游产业的蓬勃发展。旅游企业的差异化经营不仅受到重视，更在创新中不断优化。从低碳环保的旅游产业模式到与之配套的创新营销策略，再到产业政策和制度的革新，以及体育旅游产业集群的优化发展模式，共同构建了旅游企业合作与竞争并存的繁荣生态。

（三）注重区域间的协调与合作

全国各地的行政机构需重视体育旅游与地方经济的和谐发展，将体育旅游产业纳入区域综合发展的核心策略。应充分认识到体育旅游产业对区域经济的积极推动作用，利用区域经济的繁荣来助推低碳环保的体育旅游的发展。为了推动低碳体育旅游的进步，需强化区域间的协同合作，打造一体化、特色化、低碳化的品牌形象并积极推广。应将区域的旅游形象作为吸引游客参与低碳体育旅游的重要元素。

针对低碳体育旅游尚待发展的地区，应积极推进区域内产业的协同合作，让旅游产业发展成熟的地区带动其他地区。例如，东北地区如哈尔滨、大连等体育旅游产业发展较好的城市，尤其可以利用本地冰雪资源优势，借助北京冬奥会的东风，大举发展冰雪旅游项目，以此激发整个区域的体育旅游活力。此外，这些城市还需充分发挥其带动作用，促进区域内其他城市的体育旅游产业实现跨越式发展，从而推动整个地区低碳体育旅游水平的全面提升。

第四章 产业集群视角下我国体育旅游的发展

产业集群是社会经济发展过程中的一种常见现象，从产业集群视角看体育旅游产业的发展，完善体育旅游产业集群理论，能够为我国体育旅游产业发展提供新的思路。区域体育旅游产业集群化发展不仅能为我国体育旅游产业的可持续发展奠定稳固基础，同时也能有效提升我国体育旅游产业的核心竞争力。本章深入探析了体育旅游产业集群相关理论，从环渤海地区、东南沿海地区和西部地区实际出发，研究我国区域体育旅游产业的集群化发展，并站在产业集群视角探讨提升我国体育旅游竞争力的策略。

第一节　体育旅游产业集群相关理论

一、体育旅游产业集群的相关概念

（一）产业集群

"产业集群是在某一特定的领域内，相关企业或机构由于相似性或者互补性，在发展过程中形成的在地理上趋于集中的一种现象。"[①] 集聚在一起的产业是生产同类产品的或者具有上下游产业直接关联的企业，或者是存在着其他方面密切联系的企业。

（二）体育旅游产业集群

体育旅游产业集群，是指在特定地域范围内，多个体育旅游企业以及与之相关的旅游企业和部门为了共同的目标而聚集在一起，建立起相互联系并协同工作的产业组织形式。该集群主要由体育旅游核心行业、体育旅游相关行业、支撑和服务机构等构成（见图4-1），这些行业和机构之间保持着紧密的联系。

体育旅游核心行业涵盖了体育旅游的住宿业、餐饮业、核心吸引物、零售业等多个方面。这些行业为体育旅游者直接提供必需的基础服务。

体育旅游相关行业指的是体育设施、运动装备供应商和维修商，体育旅游策划和咨询商，旅游广告和营销商，清洁公司等。

金融、交通、通信、保险等部门，以及政府部门、行业协会、高校等是体育旅游产业集群的支撑和服务机构。这些部门的核心职能是为体育产业集群的稳健发展提供必要的支持和保障。

[①] 李竹梅、苏琳媛：《基于GEM模型的云南省旅游产业集群竞争力研究》，《中国集体经济》2023年第32期，第111—114页。

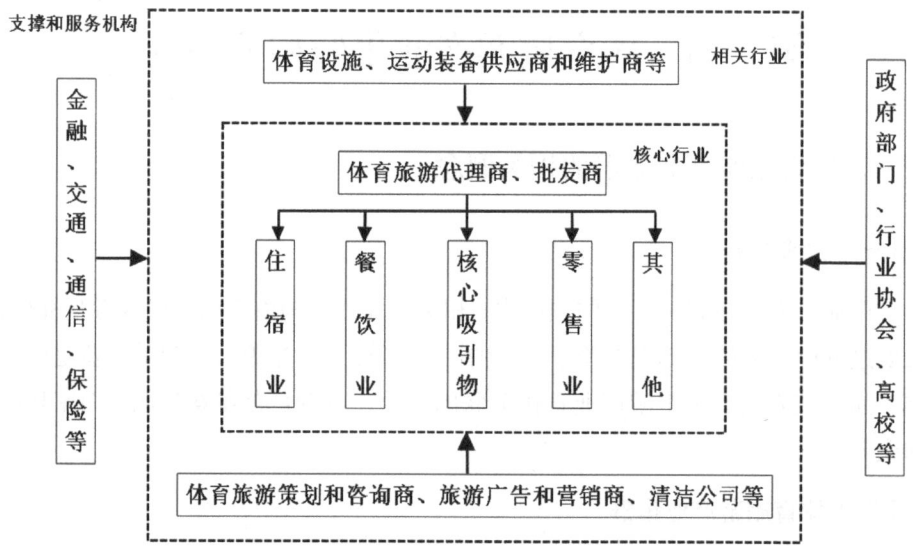

图 4-1 体育旅游产业集群

二、体育旅游产业集群的基本特点

当前，在国家对体育旅游产业的大力扶持以及政府的积极引导和支持下，我国各大城市的体育旅游产业正逐渐显现出集聚的态势，且集群规模正在不断扩大。作为产业集群的一个特定分支，体育旅游产业集群自然也具备产业集群的普遍特点。接下来将进一步探究体育旅游产业集群的基本特点。

（一）空间集聚

所有类型的产业集群都表现出空间集聚的共性特征，体育旅游产业集群同样遵循这一规律。我国体育旅游产业集群之地都存在着体育旅游相关企业和服务机构的集群现象，特别是在环城游憩带、主题公园、知名旅游景点和旅游度假区，这种集群现象更为明显。众多行业、部门和机构在地理上"汇聚一堂"，服务于相似的消费群体，它们之间不仅存在横向联系，还有纵向的联系，而体育旅游资源是维系这些联系的纽带。

（二）功能互补

当集群中的成员紧密合作时，它们所形成的综合力量会远远超过各个成员力量的简单叠加。以体育观光旅游产业集群为例，旅游者的体验质量不仅取决于景观的吸引力，还受到周边旅馆、餐馆、商店和交通等辅助性商业活动的共同影响。这是因为产业集群内的成员之间存在着紧密的联系并且相互依赖，任何一个成员的服务质量都会对其他成员的服务效果产生直接或间接的影响。在集群中，成员之间的关系主要体现在以下两种形式上。

①集群中每个成员提供的产品在满足顾客的需求方面相互补充，这是最明显的一种互补形式。

②企业之间的相互协调能够使集群的集体生产能力不断提高与完善。

（三）溢出效应

体育旅游企业及其支持系统因经济上的紧密联系在空间上形成聚集，进而促进了集群经济的产生。这种经济活动的聚集带来了显著的效益，构成了集群经济形成的核心动因。体育旅游产业集群中的范围经济、规模经济和外部经济，正是集群经济的主要表现形式。以深圳华侨城控股公司对迪斯尼乐园的案例研究为例，主题公园的聚集不仅能提高市场对其的认知度，还能激发消费者对主题公园及其相关产品的需求，从而为各类主题公园创造发展机遇，以满足市场的多元化需求。

（四）部门专业化

体育旅游业是一个由众多部门和行业相互交织而成的复杂系统。这些部门和行业之间彼此联系、相互影响，通过有序的分工与紧密的协同合作，共同构建成一个和谐统一的整体。从体育旅游产业集群的微观视角出发，可以观察到，在旅游产品的全链条生产过程中，每个企业都聚焦于某一环节的专业化生产，或者仅负责提供旅游产品或服务的某一部分。例如，餐饮业、交通运输业等，它们分别为消费者提供餐饮、住宿、交通、游览、购物等某一方面的专业服务。这些行业和部门的专业化程度对于推动体育旅游产业集群的发展具有举足轻重的意义。

（五）环境共享

在体育旅游产业集群中，相关企业、部门和机构都共同处于同一社会、经济和文化环境之中。当体育旅游产业或企业在某一地区高度集中时，它们会吸引大量的服务供应商和专业人才前来，各展所长。这种产业的集中不仅降低了获取专业服务和信用机制的交易成本，而且专业人才的流动也为体育旅游产业集群的发展与创新提供了有利条件。同时，众多体育旅游产品在同一地区的整合，迅速提升了该体育旅游目的地的知名度和影响力，有助于打造一个适合体育旅游产业集群发展的良好环境，从而推动区域竞争力的提高和区域体育旅游品牌的打造。

三、体育旅游产业集群的形成过程

（一）形成过程中的主要因素

1. 产品特征

从产品特性的角度来看，相关学者指出，体育旅游产业集群的产品具有供应链较长和技术上可分割的特点，这是体育旅游产业集群形成所必需的条件。只有满足这一条件，才能促进中间产品市场的形成与发展，降低企业进入的难度，并进一步扩大体育旅游产业的集聚规模。

2. 政府参与

体育旅游产业集群的形成与发展离不开政府的积极参与和支持。在西方国家，体育旅游产业集群的蓬勃发展在很大程度上得益于政府制定的切实有效政策。当前，我国的体育旅游产业集群仍处在起步阶段，因此更加迫切地需要政府的扶持和引导。可以说，政府在推动体育旅游产业集群形成与发展过程中发挥着举足轻重的作用。

3. 区域优势

区域优势是指特定地区因其独特的自然和社会条件，在某一产业发展上相较于其他地区拥有有利条件。这些优势可能涵盖地理位置、人力资源、技术资源、体育资源以及消费需求规模等多个方面。区域优势的形成源于区域本身的独特性。在自然资源充沛或具备其他有利条件的地区，体育旅游企业为追求规模与经济效益而大量集中，进而催生出体育旅游产业集群。区域优势对体育旅游产业集群的形成起着至关重要的作用，而体育旅游产业集群的形成与发展也高度依赖这些区域优势。

4. 文化环境

文化是历史长期积淀的结晶，对特定区域的产业集群的形成与发展产生着深远的影响。文化能够在区域内促使人们在思想和行为上达成共识，排斥那些与其核心价值相悖的元素。某一地区人们的思维方式、生活方式、社会风俗，以及政治、经济、法律等制度，都深刻地打上了该地区文化的烙印。有学者认为，某些国际分工的形成可能起源于历史上的偶然事件，而这些偶然事件之所以能在当地持续演变，很大程度上得益于当地特有的文化环境。这种独特的文化环境不仅为现代产业集群的崛起奠定了重要的基础，更是其持久繁荣的根基。

（二）形成过程中行为主体的功能

1. 企业

体育旅游产业集群的形成，其根本原因是体育旅游企业持续寻求外部规模经济和外部范围经济的效益。企业在地理空间上的集中，是促成外部范围经济和外部规模经济的直接推动力。鉴于体育旅游企业自身能力的限制，实现内部规模经济和内部范围经济较为困难，因此这些企业开始转向寻求外部的规模与范围经济效益。这就要求它们在产业链条中与其他企业开展分工与协作，共同推动体育旅游产业整体发展规模扩大和产品多样性的拓展，从而实现共同受益的目标。

体育旅游企业除了追逐外部规模经济与外部范围经济外，还要不断适应随时变化的市场机制，这也是促使体育旅游产业形成聚集的一个基本动力。

2. 政府

政府的政策、行为必然会影响到体育旅游产业集群这一经济现象。

某些体育旅游产业集群是市场力量自然发展的产物，对于这类集群，政府主要发挥辅助性服务的作用。政府通过制定相关政策，不断优化企业发展的环境，着力维护区域内企业间的良好竞争与合作关系。同时，政府积极营造优越的投融资环境，不断完善相关法律条例，以吸引众多资源在该地区集中，为更多企业加入创造有利条件。此外，政府还致力于建设和完善体育旅游产业发展的基础设施，为企业提供各种便利条件，从而降低集群发展过程中的阻碍。

在政府主导型的体育旅游产业集群中，政府的作用尤为突出。从这类集群的雏形阶段开始，政府就已经在施加影响，可以认为政府的决策和引导始终贯穿集群的发展过程。

3. 中介组织

行业协会、商会及专业性服务机构等通常被视为中介组织，这些中介组织就像是市场经济运作的助推器，对体育旅游产业集群的形成与发展发挥着重要的辅助作用。它们承担着收集市场情报、为成员企业与外界联系提供桥梁、降低企业间交易成本的任务，同时还致力于提升区域知名度，从而吸引更多企业入驻。

中介组织致力于捍卫企业权益，促进企业与政府之间的沟通与交流，积极为企业争取有力的政策扶持。同时，中介组织还承担着制定行业准则和规范的任务，以维护企业间的良性竞争与协作秩序。此外，专业服务机构为企业提供包括信用担保、市场咨询、法律咨询等在内的全方位服务，旨在加速企业发展并切实保护企业的合法利益。

四、体育旅游产业集群竞争力的模型

（一）波特：钻石模型

美国学者波特（Porter）是首位从产业角度深入探究竞争力的学者。在他的著作《国家竞争优势》中，波特结合多个国家的实际竞争优势，对这些国家产业集群的竞争力进行了详尽的分析与比较。他指出，美国的广告与高新技术产业、荷兰的花卉产业、英国的保险行业、日本的消费电子产业、意大利的皮革产品行业，以及德国的化工与汽车产业等，这些都是在全球范围内具有显著竞争力的产业。在进行了深入的分析与对比之后，波特构建了著名的钻石模型（见图4-2）。这个模型以国家为分析框架，主要探究了在全球竞争中，为何有些国家能够崭露头角，而有些国家却表现平平，以及为何在某一特定产业内，某个国家能够持续展现出强大的竞争力。钻石模型实际上是一个重要的分析工具，用于研究一个国家的政治、经济、社会及法律环境是如何共同影响本国产业竞争力的。

波特提出，生产率是影响财富积累的核心要素，而一个地区的竞争氛围则对当地的生产率有着深刻的影响。企业在提升自我竞争力的过程中，会受到国家经济发展状况的较大影响。波特进一步阐释，影响企业竞争优势的主要因素包括生产要素、需求条件、相关与支持性产业，以及企业战略和组织结构。同时，机会和政府政策作为辅助性要素，也共同对企业的竞争优势产生影响。

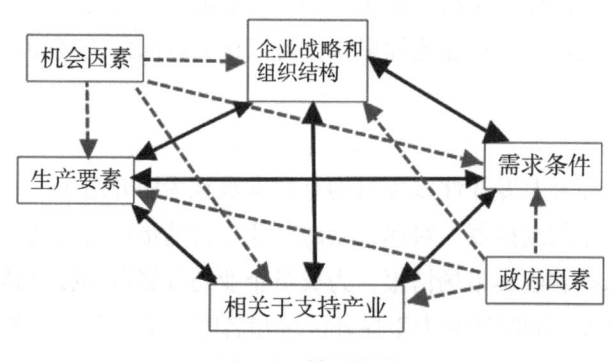

图4-2 钻石模型

虽然机遇会对企业的竞争带来一定影响，但它并非起决定性作用。面对同样的机遇，不同的企业可能会产生截然不同的结果。企业对机遇的把握和利用效果，主要还是受到四个核心要素的影响。在这四个核心要素中，政府扮演着引导性的角色。因此，政府也被看作影响国家竞争优势的一个重要辅助因素。

1. 生产要素

生产要素指的是国家在特定产业竞争中与生产相关的各种要素，包括自然资源、人力资源、资本资源和知识资源等。这些生产要素在塑造国家竞争优势中发挥着举足轻重的作用。为了更深入地剖析生产要素的影响，波特根据它们的特性进行了细致的分类。按照专业化程度的不同，他将生产要素分为一般型生产要素和专业型生产要素；从级别的角度出发，他又将生产要素划分为初级生产要素和高级生产要素。有些国家凭借特定生产要素的优势，在产业竞争中占据了有利地位。然而，波特指出，即使某些国家当前的生产要素并无显著优势，但通过创造有利的生产要素，同样能够增强产业竞争优势。他强调，创造有利的生产要素比单纯依赖现有的优势生产要素更为重要。一个国家只有通过积极创造专业化的生产要素和高级生产要素，才能真正提升其产业竞争优势。

2. 需求条件

国内需求市场是塑造产业竞争优势的第二个关键因素。内需市场对于推动规模经济的实现具有显著的影响，为产业的发展奠定了坚实基础，并有力地促进企业进行改革与创新。波特着重指出，与国内市场的需求规模相比，国内市场的品质在塑造产业竞争优势方面扮演着更为重要的角色。

3. 相关与支持产业

相关与支持产业构建了一个具有优势的网络，这对于提升国家竞争优势至关重要。这个优势网络的形成，依赖于自上而下的扩散过程以及相关产业的协同发展效应。在区域产业竞争中，那些能够提供更为健全的相关与支持产业的区域，将具备更强的竞争力。因此，相关与支持产业的国际竞争力水平，对某一产业的国际竞争优势产生着深远的影响。

4. 企业战略和组织结构

企业在制定发展目标和策略时，因国家不同而呈现出显著的差异。企业应当基于自身的竞争优势来设定明确的发展目标、制定合理的发展策略，并选择适合的组织形式。

5. 政府因素

波特提出，政府所担任的角色具有两面性，它与其他要素之间有着紧密的相互作用关系。一方面，政府通过制定诸如补贴、教育等各项政策，对其他要素产生深刻的影响；另一方面，这些要素也会对政府的政策制定产生影响。

6. 机会因素

一般而言，机会因素与国际环境的直接关联性并不明显，且企业或国家对其的影响相对有限。然而，特定事件如战争、重大科技发明、关键科技进步、外国政府政策的变动，以及全球金融市场的剧烈动荡等，都可能对竞争优势产生深远影响。快速识别并有效利用这些机会，将显著提升相关产业的竞争优势。

（二）蒂姆·帕德莫、亨利·吉布森：GEM 模型

加拿大学者蒂姆·帕德莫（Tim Padmore）和亨利·吉布森（Henrev Gibson）经过多年的研究，改进了钻石模型，提出了"基础（Groundings）—企业（Enterprises）—市场（Markets）"模型（GEM 模型），这是一种基于区域范围分析产业集群竞争力的模型。该模型提出，本地市场、外部市场、资源、设施、供应商与相关辅助行业以及企业结构、战略和竞争是影响企业集群竞争力的六大因素，这六大因素又分为基础、企业和市场三要素，可以用一个六边形图来表示（见图 4-3）。

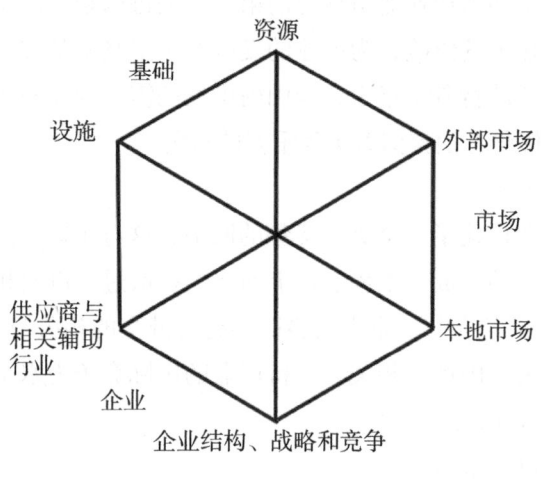

图 4-3 GEM 模型

1. 基础要素

产业集群外部向集群内部企业的生产过程所提供的资源、设施就是基础要素。

（1）资源因素

这里的资源包括自然资源、历史继承的资源及通过开发而形成的资源，如森林、河流、战略性地理位置、劳动力、技术专利、金融资本等。

（2）设施因素

这里的设施涵盖两个方面：一方面是硬件设施，包括港口、道路、管道以及通信设施等；另一方面是软件设施，亦被称为"制度安排"，涉及研究机构、行业协会、法规制度、培训系统、货币政策、商业及生活环境等多个层面。集群内的企业在开展经营活动时，离不开这些设施的有力支撑。而设施的建设与发展则离不开各级政府机构的大力支持与推动。

2. 企业要素

（1）供应商与相关辅助行业

产业集群发展的核心要求涵盖多样性、成本效益、高品质以及专业化等方面。在产业集群的框架内，相关企业能够共享技术，利用流动的人力资源，制造类似的专业设备，并为同一个产品市场提供支撑服务。这些举措有助于增强产业集群的整体竞争力。同时，产业集群中相互关联的企业数量越多，其整体竞争力就越强。

（2）企业结构、战略和竞争

此处的企业特指那些直接参与产品价值链的企业，即产业集群内部的成员企业。这些企业的数量、规模、所有权结构以及财务状况等诸多因素均会对产业集群的整体竞争力产生重要影响。

3. 市场要素

市场要素主要是指需求，一般包括三种需求，即集群中企业的需求、中间需求和最终市场需求。

（1）本地市场

本地市场可指代国家、省区市或特定区域内的市场。产业集群的竞争力会受众多本地市场相关因素的影响，诸如市场规模、市场份额、市场前景、市场规范、产品品控以及市场需求等。

（2）外部市场

外部市场是指除本地市场之外的市场，如省外市场及国际市场。产业集群在外部市场的竞争地位会受到诸多因素的影响，包括集群与外部市场的地理间距、集群与该市场的相互联系、外部市场的整体规模、集群在该市场中所占的份额，以及外部市场进出口的贸易壁垒等。

（三）钻石模型与 GEM 模型的比较

钻石模型作为 GEM 模型的原型，与 GEM 模型在模型结构、因素内容及内涵等诸多方面存在显著的相似性。然而，从区域产业集群的视角出发，这两个模型又具有不同的特点并存在一定的差异。

1. 描述和评价方法不同

钻石模型侧重于使用定性描述的方法进行分析。相较之下，GEM 模型首先利用层次分析法确定各个因素的权重，随后通过问卷调查的形式收集企业对各因素的评价，最后进行定量评分。

2. 模型结构不同

钻石模型指出，产业竞争优势受六个主要因素影响，其中四个为基本因素，两个为辅助性影响因素。而 GEM 模型则提出，有三对共六个因素影响产业竞争优势。尽管钻石模型和 GEM 模型在某些因素上存在对等关系，但并非完全对等（见图 4-4）。

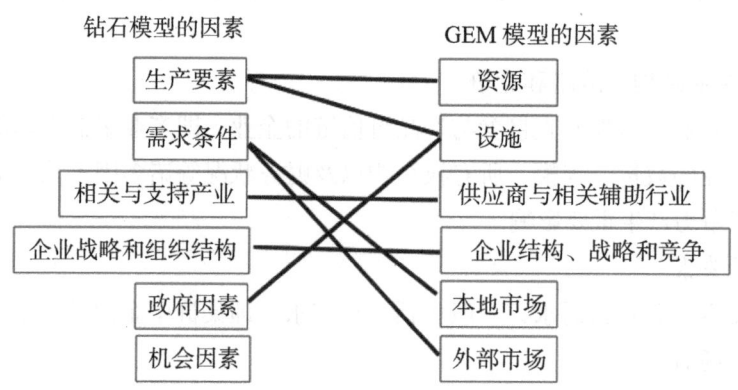

图 4-4 钻石模型与 GEM 模型的因素对应关系

两种模型在政府作用方面有着明显的分歧，这是它们之间的主要差异。钻石模型着重指出，虽然政府对一个国家的经济发展有所影响，但其作用的发挥需与其他四个要素相互配合。波特认为，评估政府的影响力需要综合考虑其他关键要素。在 GEM 模型中，政府与其他影响因素占据同等地位。政府的作用通过设施直接体现出来，地方政府通常会通过加强基础设施建设和推行优惠的投资政策来提升当地产业集群的竞争力。

3. 范围不同

钻石模型是基于国家层面对产业竞争优势进行研究的，而 GEM 模型基于区域发展，可见二者的应用范围不同。

钻石模型主要集中研究一个国家内具有竞争优势的产业，尤其是技术类的生产制造行业，但其研究范畴较为有限。与之相比，GEM模型的研究领域更加宽泛，其研究对象也更加多元化。除了技术类行业外，GEM模型还对市场营销、金融行业等非技术类行业进行了深入研究。

五、我国构建体育旅游产业集群的可行性分析

（一）我国体育旅游产业驱动要素正在升级

以往，我国在发展和壮大体育旅游市场、促进体育旅游业进步时，主要倚重于自然体育旅游资源和人文体育旅游资源等硬性条件。但随着体育旅游产业的持续发展，其发展的动力已显著转变，已迈入以软性要素为主导的新时期（见图4-5）。这标志着，旅游产业已进入由软要素主导的时代，且此趋势有望在未来持续延续。

我国蕴藏着丰富的体育旅游资源，这些资源各具特色且种类多样。然而，由于软要素的不足，许多优质的体育旅游资源并未得到充分或高效的开发。目前，我国在推动体育旅游产业的发展中，正面临着缺乏高水平开发策划的困境。现有的体育旅游策划研究往往仅限于简单地引入国外理论，缺乏深入系统的分析，且鲜有成功案例作为支撑。我国在体育旅游产业开发策划方面，多依赖于经验判断，而非基于技术性的精心策划。学者们在探讨我国体育旅游开发问题时，普遍指出体育旅游产业的发展急需培育专业人才。因此，未来的体育旅游产业发展将更加注重软要素，如制度、环境和人力资源的开发与运用，这既体现了新的发展思路，也揭示了行业的新动向。体育旅游产业集群化正是这种思路和趋势的生动展现。显然，我国体育旅游产业的发展正逐步从硬要素驱动向软要素驱动过渡。

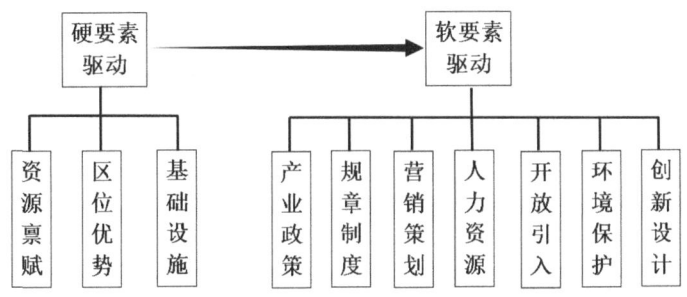

图4-5　硬要素驱动与软要素驱动

（二）体育旅游消费需求多元化

从我国体育旅游产业当前的发展状况来看，市场上的体育旅游产品多数较为基础，主要满足体育旅游者对赛事观赏和活动参与的需求。然而，随着产品经济、服务经济和体验经济这三个由美国思想家、未来学家阿尔文·托夫勒（Alvin Toffler）提出的时期的演变推进，21世纪已经步入了体验经济时代。在这一时代背景下，消费者的消费观念、消费方式、需求结构以及消费内容都发生了明显的变化，体育旅游领域也同样受到了影响。体育旅游融合了健身、休闲、娱乐与社交等多重功能，吸引了各种不同动机的体育旅游消费者，在消费过程中，他们能够获得丰富的体验。现今，人们参与体育旅游活动不仅是为了健身和娱乐，更希望尝试新颖刺激的项目。这充分显示了体育旅游消费者的消费观念和方式已经发生了深刻的转变。

在体育旅游产业的发展过程中，应当深入洞察消费者的消费观念和习惯，对体育旅游消费需求的结构、内容和形式的变化有透彻的理解。只有这样，才能为体育旅游者提供丰富的体验式服务，从而满足他们在情感、求知、教育、审美以及探险等多个方面的需求。为了迎合消费者的个性化需求，体育旅游企业应提供量身定制的产品和服务，这需要建立在"一对一服务"甚至"多对一服务"的基础之上。仅仅通过提供简单、普遍性的产品来满足消费者对体育赛事观赏和体育活动参与的需求，是远远无法达到个性化服务标准的。伴随着体育旅游消费者在各方面需求的提升，务必采取集群化的发展战略以推动体育旅游产业的持续发展。唯有如此，体育旅游企业方能提供更加贴合消费者需求的产品与服务，从而提升其核心竞争力。而唯有切实满足消费者的多样化需求，不断增强产业的核心竞争力，才能确保体育旅游产业健康、可持续地发展。

第二节　我国区域体育旅游产业的集群化发展

一、环渤海地区体育旅游产业的集群化发展

（一）环渤海地区体育旅游产业集群化发展的现实条件

1. 优势条件

通过分析可知，我国环渤海体育旅游产业集群化发展具备多项优势，这里主

要从交通运输、历史文化、旅游资源、客源资源这几方面展开分析。

（1）区位优越、交通便捷

山东省是我国东部沿海地区的重要省份之一，处在黄河下游和京杭大运河的中北段，省会是济南市。

位于渤海与黄海交汇处的山东半岛，其东部海域与朝鲜半岛和日本隔海相望，北部直面辽东半岛，西北与河北省紧密相连，西南接壤河南省，南部则与安徽省和江苏省为邻。拥有这样独特的地理区位，山东省不仅成为连接华北与华东的关键纽带，更是沿黄河经济带与环渤海经济区的交汇中心。作为我国东部沿海地区最大的开放区域，山东省在我国经济版图中具有举足轻重的地位。此外，山东省还位于中日韩"旅游金三角"的核心区域，紧邻亚洲最大的客源输出国韩国和日本，同时处于长江三角洲和环渤海地区这两大客源市场的中心地带。这种独特的市场结构进一步激发了山东省在高端度假和文化体验方面的市场需求。

（2）历史文化悠久

我国环渤海地区的历史文化悠久丰富，同时拥有深厚的人文底蕴和独特的民间习俗，这些因素都构成了环渤海地区体育旅游产业集群化发展的优势。

①历史悠久。山东省作为中华文明的重要发源地之一，早在四五十万年前便有古人类在此地生活繁衍。据考证，汉唐时期山东地区曾是丝绸贸易的核心供货区域，是我国古代丝绸之路的起点之一。在中国漫长的历史中，山东地区一直扮演着举足轻重的角色，其经济和文化的发展对于推动我国历史进程的发展起到了至关重要的作用。

②文化丰富。自古以来，山东就被誉为"孔孟之乡"和"礼仪之邦"。这片土地孕育了众多杰出的圣人贤者，孔子、庄子、王羲之等伟大人物都诞生于此。同时，山东省的饮食文化也极具底蕴，鲁菜作为中华饮食文化的重要一环，更是位列我国四大菜系之首。此外，山东还是中华民族的关键发源地，史前仰韶文化、龙山文化的深厚积累以及悠久的历史，都充分彰显了山东地区文化的源远流长。

③民俗独特。地处环渤海区域的山东省，其民俗风情极为丰富多彩。以胶东地区为例，这里既保留了富有深厚传统的祭海开渔仪式，又传承了独具特色的秧歌，更有技艺精湛的潍坊风筝制作技艺。

近年来，环渤海地区所举办的民俗旅游活动受到了游客的广泛喜爱，特别是那些以节庆民俗为主题的旅游活动，不仅数量丰富，而且深受游客们的青睐。

（3）旅游资源丰富

环渤海地区所处的山东省，拥有上千处旅游景点。山东省的世界级遗产是泰山风景名胜区以及曲阜市的孔府旅游区、孔庙旅游区、孔林旅游区。

山东省拥有丰富的旅游资源，为游客提供了独特而难忘的体验。在曲阜，游客可以深入感受孔子思想的博大精深；在淄博，可以一睹齐国的强盛风采；在潍坊，可以领略五彩斑斓的风筝艺术之美；而在菏泽，则可以沉醉于盛开的牡丹花海之中。这些多样化的旅游资源，为环渤海地区体育旅游产业的集群化发展奠定了坚实的物质基础。

（4）客源市场广阔

深入剖析我国旅游市场不难发现，山东省在我国旅游业中占据着举足轻重的地位。该省已经建立了坚实的客源基础，其中华东地区的游客构成了其主要的客户群体。此外，得益于国际经济的蓬勃发展，欧洲、美洲及大洋洲等地也为山东省带来了可观的游客流量，为旅游市场注入了新的活力。

在推进环渤海地区体育旅游产业集群化进程中，应坚持"大市场开发与对外开放相融合、积极走出去与热情引进来相结合"的发展方针，主动拓展体育旅游的国内外市场。具体而言，为高效挖掘环渤海地区体育旅游的客源潜力，需从以下几个方面着手。

第一，重点打开国际市场。在挖掘环渤海地区体育旅游资源的过程中，应积极加大开发力度，持续推动相关领域的创新，并促成多方合作与联动。同时，要有针对性地拓展日本、美国和德国的市场，并定期对韩国和东南亚市场进行维护和深化，以此全面提高体育旅游资源的开发效果。

第二，大力拓展北京市、上海市、广东省、东北三省的客源资源市场。环渤海地区应充分发挥齐鲁文化和迷人的黄金海岸这两大品牌优势，积极推动产业创新，不断优化和完善体育旅游相关产品，并精心设计旅游线路。同时，通过多元化的手段和策略，有计划、有组织地进行宣传推广并开展促销活动，从而进一步提高环渤海地区的知名度和市场吸引力。

第三，认真启动"山东旅游形象工程"。在推进环渤海地区体育旅游开发的过程中，可以诚邀权威专家对该地区的整体形象进行专业包装和设计，以增强其市场吸引力。同时，利用多元化的媒体渠道全面宣传环渤海地区的体育旅游特色，提升其知名度。此外，积极策划和组织与体育旅游紧密相关的表演、联谊等活动，以此吸引更多游客到此获得独特的旅游体验。

2. 不利条件

我国环渤海地区体育旅游产业集群化发展同样有一些不利条件，这里从两方面来分析环渤海地区体育旅游产业集群化发展的不利条件。

（1）体育旅游项目有待优化

当前，环渤海地区体育旅游资源的分布不均问题逐渐凸显。不少景区缺乏全面而科学的规划，项目的配置比较单一且品质欠佳。尤其是"三冷三热"现象十分突出：夏季热、冬季冷、白天热、晚上冷、东部热、西部冷。在构成旅游的六大要素中，购物、食宿以及演艺环节成为制约环渤海地区体育旅游产业发展的瓶颈。各县市之间的发展状况参差不齐，这主要是由于缺乏大型项目的有力支撑、缺少能吸引消费者的特色旅游项目，以及体育旅游购物市场尚未发展成熟等造成的。

除了上述问题之外，环渤海地区还迫切需要解决体育旅游项目的统筹规划、体育旅游资源的有效整合，以及不同县市景区如何凸显其体育旅游项目的特色和优势等问题。

（2）从业人员素质有待提升

体育旅游项目，作为一种新型且高度专业化的旅游项目，对从业人员的专业素养有着极高的要求，这种要求贯穿于项目的开发、管理和经营等各个环节。接下来将从开发者、管理者、经营者和导游入手，详细探讨体育旅游从业人员所应具备的专业素质。

①开发者专业素养不够高。在当前的环渤海地区体育旅游产业集群化发展过程中，存在诸多问题，如粗放的开发模式、盲目利用资源，以及忽视地区文化旅游内涵等。这些问题在滨海旅游中表现得尤为突出，亟待关注和解决。

滨海旅游因其独特的魅力和优势而广受瞩目，但在旅游资源的开发过程中，不少地方却出现了项目重复和雷同的问题，很多项目都存在盲目跟风的现象。尤其在开发体育旅游资源时，一些地区没有对资源进行深入研究和全面评估。在新兴体育旅游区的开发中，此类问题尤为突出。部分开发者在缺乏总体规划和科学论证的情况下，就进行开发，造成大量不可再生旅游资源的严重浪费。

实现体育旅游产业集群化并非易事，是对现有资源进行科学合理的利用，以主动展现当地的文化特色，同时也是提升和推广城市形象的重要方式之一。开发体育旅游资源是一个庞大而系统的工程，不仅需要雄厚的资金投入和广泛的项目布局，还要求开发者具备较高的专业素养。此外，该工程的成功实施还需得到交通、卫生、文化、教育等多个部门和机构的紧密配合与通力协作。唯有如此，才能高效地推进体育旅游的开发工作，进而实现其集群化的发展目标。

②管理者专业水平不足。体育旅游管理者的专业素养对确保体育旅游景区顺畅运营及长远发展具有至关重要的直接影响。通常而言，将保持体育旅游景区内自然与人文环境的原貌、真实特质及完整性作为环境保护的首要宗旨，是每位管理者不可推卸的责任与使命。然而，当前部分生态景区在面向公众开放后，尽管成功吸引了络绎不绝的游客，却也不可避免地引发了显著的环境卫生危机。此问题不仅损害了游客的游览体验，还给景区未来实现可持续发展目标带来了不容忽视的负面影响。

深入剖析我国体育旅游领域的现状了解到，兼具体育与旅游专业知识的管理人才极为稀缺。这一人才短缺现象已成为制约我国体育旅游行业深化拓展的重要瓶颈，严重阻碍了体育旅游业的蓬勃发展。此外，众多体育旅游景区在对外宣传推广方面的意识薄弱，缺乏完善的体育旅游信息网络服务体系，同时，体育旅游从业人员的整体能力素质也亟待提升，以适应行业发展的更高需求。通过精心设计的专项培训项目与系统的学习，管理者不仅能够牢固掌握体育旅游管理领域的核心理论框架，还能够灵活运用与体育运动紧密相连的专业知识与实践技巧。

③经营者素质较低。体育旅游经营者是指在游客旅行期间，为其提供包括衣、食、住、行以及娱乐休闲等方面的全方位服务，并通过这些服务获取经营收益的专业人员。他们所提供的服务需要与所在景区的地理环境、文化历史背景高度契合，同时紧密结合景区的自然景观特征和文化深层内涵，以打造出更加规范、专业的经营服务，从而实现与景区环境的和谐发展。

然而，在对当前旅游景区管理现状进行深刻剖析后不难发现，许多经营者过度追求即时的商业利益，盲目招揽游客，却忽视了旅游活动背后深厚的文化内涵与长远价值。这种纯粹的商业化运作模式，未能将体育旅游的长远发展利益置于首位，显然有悖于行业的健康发展轨迹。此外，地方保护主义也在部分地区显现，存在私自设定价格，以及随意收取额外费用等问题。体育旅游经营者之间在专业素养上的巨大鸿沟，更是加剧了游客遭受欺诈的风险，这些不良现象均对我国体育旅游产业的集群化发展产生了不利影响。

④导游群体素质比较欠缺。导游作为国家与地区旅游风貌的鲜活名片，其重要性不言而喻，更是提升体育旅游体验品质的核心要素。他们不仅是旅行社信誉的直接体现者，还肩负着提供旅游服务与促进文化交流的双重使命。然而，遗憾的是，在当前我国众多体育旅游景区内，"导游变导购，心思在回扣"的现象屡

见不鲜。具体表现为，部分导游擅自调整既定游览路线，随意插入自费项目，甚至频繁组织购物行程，以谋取个人回扣，严重背离了导游职业的初衷与使命。这些问题长期以来稳居游客投诉榜单前列，同时也是体育旅游管理部门监督工作的重中之重。游客怀揣着对体育旅游美好体验的憧憬而来，却常因导游的专业素养不足而被破坏行程，致使体验质量大打折扣。尤其是在旅游旺季，导游资源供不应求的困境进一步凸显，服务质量更是难以保障。鉴于体育旅游导游岗位的高度专业性，其业务素养必须提升至全新高度。除须具备一般导游的基础资质与能力外，还应精通水上救生、野外活动指导、红十字应急救护及登山保护等多领域知识，以确保体育旅游者在参与各类活动时的人身安全，让每一次旅程都能安心无忧。

在体育旅游产业集群化与环渤海地区蓬勃发展的进程中，体育旅游导游的影响力不容忽视。然而，当前导游群体整体能力素质的欠缺，却如同一道难以逾越的障碍，严重制约了该地区体育旅游产业实现可持续、高质量发展的步伐。

（二）环渤海地区体育旅游产业集群化发展的机遇与挑战

1. 环渤海地区体育旅游产业集群化发展的机遇

在我国环渤海地区，体育旅游产业集群化的发展既展现出众多优势，也存在一些不足，同时孕育着大量的发展机遇。接下来，将从两个方面深入剖析环渤海地区体育旅游产业集群化发展的机遇。

（1）山东省将旅游放在重要战略地位

山东省不仅承载着深厚的文化底蕴，还坐拥得天独厚的自然资源。这里不仅是观光游览的理想之地，更是休闲度假的绝佳选择。因此应当稳步推动环渤海地区向文化高地与度假胜地的双重转型，助力山东省实现从旅游大省向旅游强省的华丽转变。

近年来，山东省旅游业发展迅速，区域旅游合作也在不断深入推进。在这一进程中，政府发挥了主导作用。只有通过政府确立合作机制，才能打造共通的信息平台，设计出具有特色的旅游产品，共同推广旅游产品，有效解决旅游中的突发事件，最终实现"双赢"的目标。

（2）群众旅游意识不断增强

在20世纪80年代，对于大多数中国人而言，"旅游"一词尚显陌生与遥远。到了20世纪90年代，国人的旅游意识日益增强，国内旅游市场随之在全国范围内蓬勃发展。1983年，中国香港与澳门正式向内地居民开放，成为我国民众最早踏足的出境旅游目的地。而广东地区兴起的"港澳探亲游",更是悄然开启了中国公民出境旅游的新篇章。

随着我国居民生活品质的稳步提高,民众的价值观念经历了深刻变迁,旅游目的亦呈现出日益丰富与个性化的趋势。昔日,人们踏上旅途多是源于对未知世界的好奇与探索的渴望,而今,旅游已超越了简单的观光范畴,转变为一种追求休闲度假与生活品质提升的重要方式。近年来,随着社会经济的迅猛发展和生活节奏的加快,都市人群面临着日益加剧的压力,在此背景下,旅游作为一种享受生活、释放压力的方式,愈发受到青睐。人们的旅游观念悄然转变,不再仅仅局限于打卡式地游览名胜古迹,而是更加珍视身心的全面放松。对于许多人而言,旅游已成为他们调节紧绷生活节奏、寻求心灵慰藉的重要途径,通过探索适合自己的旅游方式,他们真正实现了身心的放松与愉悦。

当前,我国旅游业正处于一个高速发展的黄金时期,旅游消费模式正逐步向个性化、多元化方向演进。其中,休闲与对独特体验的追求,已成为现代旅行者不可或缺的重要组成部分。这一趋势为环渤海地区体育旅游产业集群的崛起发展提供了宝贵机遇。

2. 环渤海地区体育旅游产业集群化发展的挑战

(1) 旅游市场竞争激烈

旅游市场的竞争,实则是商品经济蓬勃发展的必然产物。当一国的经济发展水平跨越至某一临界点时,民众的旅游需求便自然增长,并伴随着经济实力的增强而逐步转化为实际的消费动力。

旅游市场的竞争,不仅是驱动旅游经济高效运转的关键内在机制,也是旅游经济体系内外相互关联、相互作用的显著外在表现。这一竞争态势,主要围绕价格战略与非价格战略两大核心维度展开。旅游市场的竞争既涵盖国内市场的激烈角逐,也涉及国际市场的广泛博弈。然而,在旅游业信息化与产业化浪潮的推动下,以及国内市场日益加剧的竞争态势下,环渤海地区体育旅游带正面临着前所未有的挑战与压力。同时,放眼国际,国内旅游带的发展亦需直面国际旅游业巨头的强劲竞争,这无疑对其提出了更高的要求。环渤海地区的体育旅游开发者正积极采取应对策略,不断提升服务质量,加大宣传推广力度,力求在激烈的国际竞争中脱颖而出,实现可持续发展。

(2) 旅游开发带来环境危机

旅游在促进社会经济繁荣的同时,也不可避免地对自然环境造成了一定程度的影响。在我国,众多享誉中外的旅游名胜区正面临着空气质量下降、水质污染以及植被破坏等严峻问题。目前，环渤海地区旅游业在环境方面主要面临三个问题：一是游客产生的大量垃圾对景区环境造成了一定的污染；二是旅游活动及其开发过程对景区的生态环境产生了一些不良影响；三是旅游开发程度与旅游地区的整体环境之间缺乏协调。

针对旅游开发所引发的环境危机，体育旅游产业的开发者与参与其中的游客均应承担起责任，积极投身于自然环境的保护。这要求我们不仅要关注眼前的经济利益，更要着眼于长远的生态福祉，确保体育旅游活动在尊重自然、保护生态的前提下有序进行。

（三）环渤海地区体育旅游产业应对挑战之策

为应对激烈的市场竞争和旅游开发引发的环境危机，推动环渤海地区体育旅游产业的可持续发展及集群化发展，必须采取以下策略。

1. 加强统筹、合理规划、协调发展

在推进环渤海地区体育旅游开发的过程中，应秉持全面、审慎的原则，深入考量该区域的人口结构、社会发展现状以及经济增长趋势，同时细致评估自然资源、自然生态环境以及社会环境对于体育旅游长远发展的支撑能力。通过科学合理地规划与管理，确保体育旅游业的可持续发展，实现经济效益与环境保护的双赢。

在环渤海地区体育旅游资源的开发、基础设施建设、自然生态环境保护以及社会环境维护的决策环节中，应积极调动并维护好政府相关部门、社会各界力量以及当地居民的参与积极性。通过建立健全沟通机制，确保体育旅游业的发展能够妥善融入并促进环渤海地区的经济、社会、文化整体繁荣，实现短期经济效益与长期可持续发展目标的平衡。同时，需精心协调旅游者与当地居民、旅游投资者、经营者之间的利益关系，确保各方权益得到合理保障，共同推动环渤海地区体育旅游业的和谐健康发展。将环渤海地区体育旅游带的可持续发展蓝图无缝融入该区域的经济社会总体发展规划之中，通过科学规划与综合决策，力求实现旅游资源的开发利用与经济、社会、环境的发展相适应，实现全面、协调、可持续的发展目标。

2. 开发与保护并重，优化体育旅游资源利用

在开发环渤海体育旅游带时，应结合环渤海地区体育旅游资源的独特性和自然社会环境特征，选择恰当的开发模式。

针对那些不可再生和有限的体育旅游资源，应当实施有效的控制和使用策略；

对于可再生和无限的体育旅游资源，则应该进行充分利用。同时，对于生态脆弱区、环境敏感区以及珍稀的自然和人文景观，必须采取有效的保护措施，加强污染防治与保护设施的建设。在特殊情况下，还可以采取封闭式保护管理，确保一些珍贵的古迹和古建筑得以完整保存。通过对环渤海地区体育旅游带的合理开发与利用，能够实现该区域体育旅游资源的良性运转。

3. 利用法治手段与经济手段协调各方利益

要实现环渤海地区体育旅游带的可持续发展，主要可以从以下两个方面开展相关的工作。

第一，应当建立健全各项规章制度，充分调动环渤海地区居民参与体育旅游资源建设的热情与积极性，并增强他们对这些宝贵资源及自然社会环境的保护意识，从而让地区居民在旅游资源开发、基础设施建设、经营管理以及服务供给等方面贡献自己的力量。

第二，在确保对旅游地资源与环境给予充分尊重与保护的基础上，应巧妙运用市场机制，广泛吸引游客群体，进而提高旅游收益。环渤海地区各城市应制定政策，保证在旅游资源开发过程中有一定比例的旅游收入专门用于自然环境保护与社会环境维护的投入。此外，环渤海地区的旅游开发者应积极寻求旅游收益的合理分配路径，必要时可借助法律与经济手段，妥善协调各方利益，确保各参与方能够共享发展成果。这样的举措将有效激发社会各界参与旅游建设的积极性，共同推动环渤海地区旅游业的繁荣与可持续发展。

二、东南沿海地区体育旅游产业的集群化发展

本节主要阐述东南沿海地区的长江三角洲地区及泛珠三角区域体育旅游产业集群化发展。其中长江三角洲地区主要包括上海市、江苏省、浙江省、安徽省，泛珠三角区域主要包括福建、江西、湖南、广东、广西、海南、四川、贵州、云南和香港、澳门特别行政区。

（一）长江三角洲地区体育旅游产业的集群化发展

1. 面对的问题

（1）市场体系不够健全

当前，长江三角洲地区在体育旅游产业政策体系的构建上尚显滞后，缺乏一套系统性的指导框架。现有的体育旅游产业多源自计划经济时代体育事业的转型与升级，因此不可避免地带有双轨制的烙印，政府在其中仍扮演着重要角色。具

体而言，政府在体育旅游设施投资方面的力度尚显不足，亟须进一步加大投入，以夯实体育旅游基础设施的根基。同时，体育旅游产业的社会投融资体系与资本市场发育尚不充分，资本作为关键生产要素在该产业中的投入明显匮乏，难以满足产业快速扩张与高质量发展的需求，制约了体育旅游产业的进一步壮大与升级。此外，构建一个既遵守国际规则，又符合体育旅游产业发展内在逻辑，且适应长江三角洲地区体育旅游市场特性的完善市场体系，仍是当前亟待解决的重要课题。体育旅游市场领域的法治化建设亟待深化，当前尚缺乏一个统一、高效且全面的行业监管、评估、统计体系，以及支撑行业发展、投资、经营决策的信息服务平台。同时，针对体育旅游产业有效发展的具体政策措施尚显不足，特别是在土地使用、税收优惠、市场准入等关键环节，缺乏具有可操作性的产业政策指导。因此，亟须从政策层面进行有针对性的调整与优化，以破解发展难题，激发产业活力。

（2）缺乏科学的产业发展规划

人们往往倾向于把体育旅游产业简单地视为旅游业的一个附属部分，这种认知在一定程度上遮蔽了体育旅游产业独特的发展规律与潜力，从而限制了对其理解的广度与深度。在长江三角洲这一经济活跃区域，尽管其综合实力雄厚，但在绝大多数地市的经济与社会发展总体规划中，体育旅游产业却未能获得应有的关注。由于缺乏明确的规划与指导，部分地区出现了体育旅游资源的盲目开发与无序竞争现象。

（3）体育旅游领域缺乏支柱企业和知名品牌

对长江三角洲地区体育旅游产业组织结构的深入剖析发现，该区域目前仍普遍处于小规模、分散化的经营格局之中，尚未形成明显的规模化与集约化发展趋势。尽管区域内不乏从事体育旅游业务的旅行社及相关企业，但缺乏具备雄厚投资实力与广泛市场影响力的体育旅游集团引领行业发展。当前，长江三角洲地区已开设的多数体育旅游线路普遍面临生命周期短、市场竞争力薄弱的困境。同时，尽管该区域日常健身活动种类繁多、健身氛围浓厚，但定期组织的、融合健身元素的特色旅游项目却显得尤为稀缺。此外，尽管坐拥许多著名的山川、水域及园林资源，但与之相关的体育旅游产品却未能充分彰显其独特魅力，品牌知名度普遍较低。

（4）缺乏经营人才

当前，长江三角洲地区体育旅游产业在蓬勃发展的进程中，比较缺乏那些能够跨越经营、管理、法律、体育及旅游等多个领域的复合型人才。这已成为制约该地区体育旅游产业集群化发展的瓶颈。具体而言，在设计、推广、管理及经营等核心环节，专业人才的缺乏尤为其明显，尚未构建起一个成熟、稳定的体育旅游产业人才系统。

2. 应采取的对策

（1）建立区域性协调组织，加强区域合作

长江三角洲各城市往往基于各自的地方利益进行决策，缺乏区域协同，进而引发了各自为政、盲目重复建设等一系列问题。为了解决这些问题，首要任务是建立一个制度化的体育旅游协调组织，作为区域合作的桥梁与纽带，确保各方在共同目标下协调一致地推进工作。同时，应充分挖掘并整合各城市的独特优势资源，构建科学合理的分工体系，实现优势互补、错位发展。

（2）整体规划、合理布局、建设品牌

在对长江三角洲地区的体育旅游资源进行规划时，须树立全局观念，秉持统筹兼顾的理念。在具体实践中，应采取分阶段、分区域、有重点的开发策略，精心打造一批具有鲜明特色与强大市场号召力的拳头产品，以此作为体育旅游品牌的核心支撑点。同时，在开发过程中，应高度重视并深入挖掘区域的独特魅力与优势资源，注重形成差异化、特色化的旅游产品体系，以实现区域间的优势互补与协同发展。

（3）完善基础设施建设，改善投融资环境

在体育旅游产业集群化发展的征途中，应双管齐下：一方面，充分利用旅游与体育发展专项基金，在体育旅游的萌芽期注入充足的资金，奠定坚实的物质基础；另一方面，需积极制定并实施一系列具有吸引力的优惠政策，以此激励国内外投资者踊跃参与体育旅游项目的直接投资，充分激发大型企业的投资潜力。同时，还应探索并实践政企合作、区域联合等多元化的投资与运营模式，通过跨界融合与资源共享，推动体育旅游投资经营向更加多元化、灵活化的方向发展。这些举措不仅有助于拓宽融资渠道，分散投资风险，还能促进体育旅游产业链上下游的紧密协作与协同创新，共同推动长江三角洲地区体育旅游产业的高质量发展。

（4）共享信息，建立风险防范机制

体育旅游产业发展与市场环境的变化息息相关，且自身抗风险能力相对薄弱，易受不可预见事件的冲击。鉴于此，构建一套高效的预警处理机制与应急处理机制显得尤为迫切。同时，为加强行业内外的信息沟通与协作，需积极搭建长江三角洲体育旅游信息交流平台，以实现资源共享与实时更新。此外，还应大力推动体育旅游企业的信息化建设，完善其信息化基础设施，以技术赋能产业，营造一个促进体育旅游产业信息化、智能化发展的良好环境。

（5）加强体育旅游经营管理人才培养

应加大力度推进旅游教育与培训体系的优化与强化，着力提升旅游与体育相关专业的教育质量，确保教学内容的前沿性与实用性。具备较强综合实力的教育机构应设立休闲旅游与体育旅游专项课程，以满足行业对专业化、精细化人才的需求。在长江三角洲区域积极组织并推广一系列短期且高效的体育旅游业务培训项目，为区域体育旅游产业的蓬勃发展奠定坚实的人才基础。

（二）泛珠三角区域体育旅游产业的集群化发展

1. 面对的问题

（1）粗放式开发造成严重的生态环境污染

在体育旅游资源的全面开发过程中，保护生态环境与自然原生性的原则是不可动摇的。然而，审视当前泛珠三角区域体育旅游资源的开发实践，这一核心理念的实施显然未达预期。整体而言，当前的开发模式趋向于粗放式生态旅游开发，对泛珠三角区域的自然环境造成了一定损害。

总体来看，在泛珠三角区域生态旅游资源的开发进程中，出现了垃圾、水体、噪声及空气污染等多重污染现象。在开发实践中，部分项目因缺乏科学合理的规划与论证，一味追求经济效益最大化，而忽视了自然与人文景观的和谐共生，导致景观的整体连贯性与独特性遭受重创。部分保护区逐渐呈现出城市化倾向，工业排放与污染源的增加，对脆弱的自然生态系统构成了不可逆转的影响。同时，保护区内宾馆、商业设施及度假村的过度扩张，不仅与保护区的核心保护宗旨背道而驰，还极大地限制了泛珠三角区域体育旅游资源的长期可持续发展潜力，也阻挡了体育旅游产业向集群化、高端化转型的步伐。泛珠三角区域要重新审视开发策略，强化生态保护意识，推动绿色、低碳的旅游发展模式，以实现经济效益与环境保护的双赢。

（2）环境评价与监测力度不足

泛珠三角区域以丰富的体育旅游资源著称，在资源开发利用的过程中，实施及时有效的环境监测与全面深入的环境影响评价机制显得尤为关键。为此，构建一个健全的环境影响评价体系及环境容量监测机制，对于保障可持续发展至关重要。然而，当前该区域多数滨海保护区在确定生态旅游的适宜承载量时，缺乏充分的调研与评估，许多项目未经过科学严谨的论证与检测，这无疑加剧了生态环境的负担,部分区域更是陷入了治理难与发展难并存的矛盾困境。因此,必须把加强环境质量评价与监测工作置于更加突出的位置,通过提升评价的科学性、增强监测的实效性,为泛珠三角区域的体育旅游资源开发提供坚实的保障,促进体育旅游产业的绿色、高质量发展。

(3)管理政策、法律法规与体制不健全

当前,体育旅游资源开发与资源保护之间的冲突已成为保护区发展道路上的核心挑战。这主要缘于缺乏一个统一高效的管理机构及一套完善的政策法规体系,从而严重影响了体育旅游资源的合理开发。以我国自然保护区为例,森林、荒漠、野生植物、海洋等九大领域归属不同部门管辖。这种多头管理的架构虽初衷在于专业分工明确,但实践中却导致了权力重叠、责任界限模糊的问题,在一定程度上削弱了保护区的整体管理效能。这种管理上的混乱不仅阻碍了保护区内生态资源的有效保护,也极大地限制了泛珠三角区域体育旅游资源的开发进程与体育旅游产业集群化发展的步伐。因此,应当构建统一的管理体制,明确各部门职责,加强政策法规的协调与整合。

2. 应采取的对策

(1)制定合理的滨海保护区生态旅游发展战略

①明确保护区内旅游发展目标和模式。在规划保护区内的生态旅游发展战略时,确立清晰的发展目标与模式是其核心所在,而配套的发展策略则是确保战略落地的关键。战略规划的制定应紧密围绕保护区的独特资源禀赋与特色,通过整体规划与精细布局,维护生态平衡并改善环境质量。在体育旅游资源的开发实践中,需坚定不移地遵循保护与开发并重的原则,对保护区的生态环境容量与承载能力进行科学严谨的评估。在此基础上,应着力打造一批具有鲜明品牌特色和强大吸引力的体育旅游项目与线路,以创新驱动资源的可持续利用,进而推动体育旅游产业向集群化、高端化方向迈进。

②制定科学合理的生态旅游规划。为了增强保护区内体育旅游资源开发的科学性与合理性,应当制定一份兼具科学性与合理性的体育旅游发展规划。紧密依托生态伦理理论与生态经济学理论的理论框架,确保对生态旅游资源的开发利用既符合生态伦理原则,又兼顾经济效益与生态效益的平衡。生态旅游规划应细致分析保护区的生态系统特性,遵循生态系统发展的内在规律,确保开发活动不超出环境承载能力,从而有效促进体育旅游资源的科学开发。

在对生态体育旅游进行规划时,应当达到以下几方面的要求:第一,要认真界定保护区内各种类型和各种性质的资源,以确定其规划原则与指导思想;第二、要全面调查和评价保护区内体育旅游资源；第三，要认真调研和分析保护区内客源市场的实际状况；第四，要科学分析保护区内生态旅游环境的实际容量；第五，要尽全力做好保护区内的功能分区和旅游项目规划工作；第六，要科学高效地完成保护区内基础设施建设工作和发展规划工作；第七，要做好保护区内保护措施的规划实施；第八，要认真做好保护区内社区发展规划；第九，要高效完成保护区组织认识管理规划；第十，要立足于多个角度开展保护区内体育旅游开发的成本效益分析。

（2）合理划分滨海保护区功能区

为了科学有序地开发滨海保护区的体育旅游资源，必须严格遵循既定的功能分区规划。科学合理的功能分区设计，能够构筑起一道坚实的屏障，有效防止生态旅游活动对生态环境造成不可逆的损害。这一设计策略还促进了保护区内生物多样性的维护与原生生态的保留，确保了生态系统的完整与健康。在设计过程中，需深入剖析每个区域的旅游价值与独特资源特性，以此为依据精准制定各区域的保护策略与设施建设规划。通过精细、差异化的功能分区设计，不仅能有效保护滨海保护区的生态资源，还能为生态旅游者提供丰富多样的体验空间，吸引更多游客前来探访，最终实现生态保护与旅游发展的和谐共赢。

（3）明确市场定位，打造品牌

滨海保护区内体育旅游产业应深入洞察市场需求，精准把握市场定位，以凸显区域内体育旅游产品的独特魅力，从而增强泛珠三角区域体育旅游产业在国内外市场的吸引力。在产品开发过程中，应将总体规划作为核心指引，确保每一项创新都与保护区的整体发展目标紧密相连。要将保护区的形象策划体系融入产品开发策略中，通过精心策划与推广，不断扩大滨海保护区体育旅游资源的影响力与知名度。要从提升旅游服务质量这出发，塑造出具有鲜明特色和卓越品质的体育旅游品牌，进一步推动体育旅游产业在滨海保护区内形成集聚效应，实现产业集群化的快速发展。

（4）完善滨海保护区旅游管理机制

一个健全且科学的体育旅游管理机制，能够成为推动保护区环境保护的强大动力，产生积极的生态效益，并带动地区社会经济福利的显著提升，进而惠及广大民众，促进他们生活水平的整体提高。在制定体育旅游管理机制时，应明确其核心宗旨：即在对自然环境造成负面影响最小化的前提下，追求社会效益与生态经济效益的最大化。

在构建体育旅游管理机制的具体实践中，价格管理、人力资源管理与服务管理构成了三大核心支柱。在价格管理方面,合理设定游客收费标准是关键,通过差异化定价策略,可有效调控旅游区域的使用强度,均衡游客分布,从而减轻环境承载压力;同时,价格管理还能确保弱势群体也能享有旅游资源,保障其合法权益。通过科学配置人力资源,提升团队的专业素养与工作效率,能够确保体育旅游项目的顺利实施与保护工作的有效执行。服务管理则是推动生态旅游可持续性的重要保障。在此环节,需积极融入社会文化元素与经济生态考量,打造个性化、差异化的服务体验。这样的策略不仅能吸引更多来自不同社会文化背景与年龄层的游客参与,还能激发社会各界对保护区管理的热情,提高参与度,共同促进泛珠三角区域体育旅游产业的集群化、高质量发展。

三、西部地区体育旅游产业的集群化发展

我国西部地区主要包括内蒙古、广西、重庆、四川、贵州、云南、西藏、陕西、甘肃、青海、宁夏和新疆12省(区、市),关于这一地区体育旅游产业的集群化发展,这里主要从集群化发展的阻碍和促进集群化发展的措施两个方面展开阐释。

(一)西部地区体育旅游产业集群化发展的阻碍

1. 观念落后,体育旅游资源摸底不清

我国西部地区蕴藏着极为丰富的体育旅游资源,然而,这并不意味着体育旅游产业能够顺理成章地实现集群化、规模化发展。我国西部体育旅游产业的发展面临着一个极大的挑战,即思想观念的相对滞后。这种滞后性限制了当地对体育旅游资源的深度开发与高效利用,进而影响了体育旅游产业集群化进程的推进。西部地区民众对于"旅游"这一概念的认知尚待深化,存在理解片面化的问题。部分管理者在观念上仍将旅游产业简单等同于娱乐业,这种狭隘的视野限制了旅游产业的多元化与深度发展。

对于体育旅游产业集群化发展也是这样。一方面,从西部地区乃至全国范围来看,体育旅游业尚处于萌芽与发展阶段,作为一个新兴产业,其内在价值、独特魅力及深远意义尚未被广大民众所充分认知与理解。为了推动体育旅游业的健康发展,亟须加强深入研究与系统探讨,以填补理论空白,从而指导实践。在推动体育旅游产业集群化发展的过程中,西部地区各级部门与地方政府在精准定位本区域体育旅游产业集群化发展潜力,科学制定相关政策措施以及明确自身管理职能等方面尚存不足。此外,西部地区的旅游企业也尚未将战略重心

充分聚焦于本区域的体育旅游业务上,这在一定程度上制约了体育旅游产业的快速发展与集群化进程的推进。另一方面,社会各界对西部体育旅游资源所蕴含的独特优势与巨大潜力尚缺乏清晰而全面的认识,这一认知上的局限严重阻碍了西部体育旅游产业集群化发展的步伐。我国西部体育旅游资源的实际开发量与巨大开发潜力之间存在着显著的差距,这一差距亟待通过更加科学、高效的开发策略来缩小。然而,体育旅游产业集群化的进程面临投入力度严重不足的困境。众多体育旅游开发项目在实施过程中,往往仅停留在门票销售的初级阶段,缺乏对体育旅游景区内容的深入挖掘与系统展示,这无疑是对宝贵的体育旅游资源的极大浪费。

此外,由于缺乏深入的调查与研究,相关部门对西部地区体育旅游资源的数量、品质、种类、地域分布、自然环境条件、开发潜力及市场前景等关键信息缺乏全面而科学的了解与评估。这种认识直接导致了体育旅游资源在综合利用方面被长期忽视,未能得到应有的重视与发掘。

2. 季节性和高原环境的负面影响

除了云南省、贵州省及四川省的部分区域外,我国西部的广大地区开展体育旅游普遍旺季短暂而淡季冗长,特别是在西北地区的中部与西部地带,淡季可长达 5 至 6 个月,期间体育旅游人数锐减,相关设施大多处于闲置状态,资源利用率低下。相反,在每年 6 月中旬至 9 月中旬属于旺季的短短 3 个月内,游客量激增,往往超出当地的承载能力,导致服务设施供不应求,交通拥堵问题也随之加剧,给旅游体验带来负面影响。

西部体育旅游产业集群化的发展之路并非坦途,高原生态环境的脆弱性成了一个不可忽视的制约因素,在开发过程中必须秉持可持续发展的理念,精心规划,科学实施,确保体育旅游活动与生态环境的和谐共生。

从宏观视角审视,我国西部地区的体育旅游产业集群化已初具雏形并取得了一定进展,但其在理论构建与实践经验积累方面仍有待深化与加强。具体而言,应充分挖掘并利用西部地区的资源优势、政策扶持、市场潜力以及区位特点等有利因素,对影响西部体育旅游产业发展的外部条件进行全面而科学地评估。同时,应持续加大体育旅游产业集群化的发展力度,积极促进体育旅游产业的市场化与产业化进程,深入探究西部体育旅游产业的发展特征与内在规律。此外,需清醒认识到,支持条件与制约因素并非固定不变,而是处于动态变化之中,且往往相互交织、相互影响。随着西部大开发战略的深入实施,西部地区在基础设施、经济文化水平及产业发展观念等方面将持续优化与提升,这将为西部体育旅游产业集群化的发展开辟更为广阔的空间，并注入强大的发展动力。

3. 过度重视经济效益，开发政策重点不当

当前，体育旅游发展的核心目标聚焦于实现现代化转型，但我国西部地区的部分领导者对此尚未形成全面而深刻的认识。我国西部地区在经济基础、消费能力上与现代化生活方式之间存在着鸿沟，这要求我们在推动体育旅游现代化的过程中，必须立足区域实际，充分考虑并尊重西部地区的特殊性与差异性。资金是推动现代化进程不可或缺的关键因素之一。在西部部分区域，这一认知尤为深刻，当地领导和民众将资金视为发展体育旅游产业集群化的核心驱动力。因此，在制定经济开发政策时，引进资金被置于相当重要的位置。其影响主要体现在两个层面：首先，随着产权的大量转移，体育旅游产业集群化所带来的经济红利往往更多地流向了投资商一方；其次，人们过分强调金钱的价值，忽视了对其他非物质层面的追求与满足。受这一系列政策导向与思想观念的影响，体育旅游产业集群化的发展路径上可能存在一种偏向，即过分追求经济效益的最大化，而忽视了对旅游资源所蕴含的社会价值与文化底蕴的挖掘与传承。这种发展倾向可能导致对当地群众的教育引导不足，他们未能及时获得关于环境保护、灾害预防等方面的必要知识，从而增加了潜在的风险与不确定性。当前，我国西部地区部分领导强调提升当地民众的商品意识，这种做法虽然在一定程度上增强了民众的经济意识，却也可能导致体育旅游文化本身的独特性被淡化，使得文化成为经济发展的附庸，而非其内在驱动力。

对于我国西部地区而言，体育旅游产业集群化的发展无疑为区域经济注入了新的活力并带来了新的发展机遇，其带来的经济效益有效缓解了地方政府与民众面临的诸多挑战。然而，当前的核心问题并非应开发与发展体育旅游业与否，而是如何在积极推进这一产业的同时，确保西部地区的自然与文化生态得到全面而有效的保护。必须警惕并避免片面追求经济效益的短视行为，坚持可持续发展原则，努力在经济发展与生态保护之间找到平衡点。

4. 忽视体育旅游资源的多样性和综合性

我国西部地区自然风光旖旎，发展体育旅游的自然资源丰富，还承载着厚重的少数民族文化底蕴，历史悠久，独具风情。随着观念的转变，人们不再满足于简单的观光游览，而是愈发追求在旅途中融入休闲健身等元素。因此，西部地区那些融合了鲜明民族特色与地方风情的体育旅游资源，无疑成为极具吸引力的开发热点。

然而，在我国西部地区的体育旅游开发实践中，往往过分侧重于景观的打造

与呈现，这种单一的开发模式导致了众多体育旅游景点在内容与形式上出现高度雷同，缺乏独特竞争力。以自然资源开发为主导的战略导向，使得许多地区在追求短期经济效益的过程中，忽视了人文旅游资源所蕴含的深远价值与文化内涵。在评估体育旅游景区质量时，应当秉持全面而多维的视角，避免将自然风光与生态环境视为唯一的标准。若一味追求对自然资源的开发利用，而忽视了对人文资源的深度挖掘与保护，那么这一短视行为不仅可能给西部脆弱的自然环境造成破坏，还可能错失展现西部地区体育旅游资源独特魅力的宝贵机会，进而限制体育旅游产业集群化的发展。

5. 市场化较低，市场秩序有待规范

我国体育旅游产业的蓬勃发展，实际是政府主导下旅游管理体制持续优化与革新的生动体现。在这一进程中，政府通过精心设计的旅游产业扶持政策，结合强有力的资金支持，为体育旅游产业集群化的形成与发展提供了坚实的支撑与动力。然而，尽管这些政策在强化政府引领作用方面发挥了积极作用，但在某种程度上可能忽视了市场机制的关键作用。通过多维度的深入剖析可以清晰地看到，西部地区体育旅游产业集群化的发展正是在这样的政策框架下逐步推进的。然而，这一过程中也显现出一些不容忽视的问题，主要集中在以下几个方面。

第一，过度聚焦于争夺客源，却忽视了开拓新的体育旅游市场的重要性。这导致体育旅游市场的竞争异常激烈且秩序混乱。虽然国内市场的发展水平在持续提升，但国际市场的开发却非常有限，且增长速度也异常缓慢。

第二，目前，我国西部地区体育旅游客源市场表现出极大的不稳定性。这主要源于对西部地区体育旅游核心需求的深入研究不足，以及缺乏对独特且具备核心竞争力的体育旅游产品的挖掘和开发。这种情况导致西部地区潜在的体育旅游资源无法满足游客的多样化需求，也难以有效激发游客的实际购买力。

第三，资本要素市场的发展速度亟待加快，特别是资本的有效供应机制尚待完善。同时，资本市场的投资方式仍然过于单一，缺乏多样性。

第四，我国西部体育旅游市场的规章制度仍需进一步优化和完善。目前，市场规范体系的培育进展相对缓慢，仍存在诸如无序竞争、无证经营、强买强卖等不规范行为。

6. 人才数量、素质以及服务水平有待提高

从我国整体情况来看，各地在体育旅游的开发与经营管理方面均存在不足，这一问题在西部地区尤为显著。其中，体育旅游产品开发设计人才严重短缺和经营管理人才匮乏是最为突出的表现。已经推出的体育旅游产品所提供的服务也往

往不尽如人意。例如，许多体育旅游区仅提供门票服务，而缺乏专业的体育技术与健身指导，这严重制约了我国西部体育旅游产业的发展。因此，西部地区应将提升体育旅游从业人员的素质和服务质量作为发展的重中之重。这是因为，体育旅游从业人员的整体素质直接关系到体育旅游活动的质量和效益。

7. 缺乏品牌意识，策划宣传乏力

行政区划的壁垒与体育因素的限制在一定程度上削弱了旅游产品的品质与档次，使得一些高品位、高档次旅游品牌产品，因缺乏集群效应的支撑而难以成型，进而在一定程度上制约了区域体育旅游产业的发展。由于省、地、县三级层面之间缺乏有效的统一策划与协同合作，在宣传方面通常有孤立地宣传推介特定旅游产品或特定旅游产品某个部分的现象。这种分散化的宣传策略未能发挥旅游品牌的整体优势与综合价值，反而削弱了品牌间的组合效应与协同效应，也严重影响了体育旅游产品对外的吸引力与市场竞争力，阻碍了其在全国乃至全球范围内的市场拓展与品牌塑造。当前的对外宣传策略因缺乏足够的吸引力，难以充分激发潜在游客的出行兴趣与意愿，进而导致宣传效果不能充分转化为实际的经济效益与社会效益，要在未来的宣传策略中更加注重创意与深度，以打造更具影响力的体育旅游品牌形象。

8. 缺乏合作意识，尚未形成联合优势

我国西部地区的体育旅游从业者目前尚未普遍树立健康、科学的竞争观念，同时彼此间的合作意识也相对薄弱，这种现状限制了"大兵团"协同作战优势的有效发挥，对西部地区体育旅游产业集群化的发展进程构成了严重阻碍。但近年来这一状况已得到改善，显示了我国西部民族地区体育旅游产业从业者的竞争与合作意识正逐步增强。

（二）西部地区体育旅游产业集群化发展的策略

1. 合理地进行市场定位

随着健身、娱乐、探险等多元化体育旅游项目的日益普及，体育旅游市场的规模正以前所未有的速度进行扩张。在我国经济稳健增长的良好态势下，民众对体育旅游的热情空前高涨，国内市场因此成为体育旅游发展的核心阵地。在深耕国内市场的同时，还应积极拥抱经济全球化趋势，主动拓展国际体育旅游业务，以更加开放的姿态迎接全球游客。自20世纪60年代起，众多发展中国家便致力于推动国际旅游业务，以此作为提升外汇收入、促进外汇平衡及深化国际交流的重要途径。我国西部地区凭借其得天独厚的体育旅游资源，已成为众多外国游客心目中的理想旅游目的地。在此背景下，我国西部体育旅游市场的定位策略应首先聚焦于国内游客，深挖内需潜力，随后逐步向国际游客市场延伸，以实现市场的多元化与国际化发展。

西部地区在细分体育旅游市场的过程中，应紧紧围绕体育旅游产品的多样性与游客需求的多元化展开，细致分析游客在购买行为上的差异性，进而将整个游客消费市场精准划分为若干个具有相似购买特征的小型市场。这一策略不仅有助于提升旅游目标市场的精确度，还能从宏观层面为目标市场制定清晰的定位策略。在此基础上，通过实施有针对性的促销活动，能够更有效地触达目标客群，从而在降低促销成本的同时，将促销活动的效益最大化，推动体育旅游市场的繁荣发展。精确划分市场并准确锁定促销对象，是体育旅游市场的核心目标，有助于更高效地制定营销策略。总体而言，我国体育旅游的目标市场可大致划分为国内客源市场、港澳台客源市场及国外客源市场三大板块，每个板块都蕴含着巨大的发展潜力。

2.把握体育旅游市场营销原则

西部地区在进行体育旅游市场营销时，须遵循以下原则。

（1）市场反馈原则

为了构建更加健全且高效的体育旅游产品市场反馈机制，首要任务是深入剖析体育旅游市场的动态演变，确定最具市场潜力的主打产品，为后续系列产品的成功推出奠定坚实基础。同时需保持高度的市场敏感性，紧密跟踪体育旅游市场的最新趋势与变化，确保能够根据市场需求迅速响应，推出贴合市场潮流的体育旅游产品。

（2）特色化原则

要提升我国西部体育旅游产业的辨识度，其核心在于凸显地域的独特魅力与差异性。须充分利用西部体育旅游资源中的独特元素，强化对产品的地域特色、独特卖点以及丰富民族文化底蕴的宣传与推广，让西部体育旅游成为文化与自然的交融之旅，从而在激烈的市场竞争中脱颖而出。

（3）效率原则

效率原则强调的是提升体育旅游产品推销的实际效率。在体育旅游产品的宣传推广过程中，应该科学配置旅游促销资金，通过有效的促销策略来将营销效果最大化，力求在最低的成本投入下获得最大的促销响应。

（4）产品形象统一原则

可以将不同类型的体育旅游产品整合为一个统一的目的地形象，在确保产品多样性和系列化的基础上,通过这一统一形象进行持续宣传。在宣传活动中,应着重突出重点产品,以此作为我国西部地区体育旅游产业整体形象的推广载体。

(5)合作原则

旅游业是一个具有高度关联性的产业,因此,包括促销在内的所有与旅游业相关的工作,都需要与各地政府部门、旅游企业、媒体以及社会组织保持紧密的合作。通过这种合作,可以树立良好的社会形象,并持续提高我国西部体育旅游产业的知名度。同时,还应与我国西部内外的其他旅游目的地开展联合促销活动,以拓展更广泛的分销渠道。

3. 合理开发客源市场

(1)细分体育旅游消费市场,突出层次性

应精准把握消费者的年龄层次、职业背景、收入水平及兴趣偏好,以此为依据剖析其实际消费需求,进而更加高效地开发与生产多样化的体育服务消费品。针对青少年群体,可侧重于开发游泳、漂流、轮滑等充满活力与挑战的项目;对于中青年群体,保龄球、健身、登山及滑雪等时尚且高强度的活动将更具吸引力;而针对中老年群体,则推荐太极拳、民族体育舞蹈、保健医疗操、气功及垂钓等注重身心和谐、强调养生保健的项目。

(2)引导国民的体育旅游消费

伴随着时代的发展,人们的观念发生了巨大变化,体育旅游正日益受到青睐。它不仅能够为旅游者带来难忘的欢愉时光,更能让游客在参与过程中实现强身健体。我国积极实施《全民健身计划纲要》,旨在激发全民的健身热情,提升全民健康素养,广泛倡导健康、积极的生活方式。新颖的宣传手段能够激发更多民众对体育旅游消费活动的参与兴趣与意愿,使他们能够亲身体验到体育旅游所带来的身心益处。

(3)实施品牌战略

①采取政府主导型战略。在体育旅游发展的起始期及关键阶段,政府应通过引入一系列创新性的制度、政策与实施手段,为体育旅游业的稳健前行提供强有力的支撑与引导。这种政府主导型发展战略旨在确保体育旅游业的持续繁荣与健康发展。

首先,政府主导型战略中的"政府"指的是负责地区经济、社会、行政和司法等各项事务的组织、领导、管理和监督的机关和机构。其次,政府的职能范围包括组织、协调、动员、引导和规范等各个方面。最后,考虑到政府主导型战略和体育旅游业的特性,政府需要进行基础性、配套性和先导性的投入,并在宣传促销、规划和培训等方面承担起组织和协调的职责。从整体来看，为了成功打造我国西部地区优质的体育旅游产品品牌，政府必须从全局出发进行协调，以提升企业的信誉度和资金筹措能力。

②打造地区集群性品牌。对于我国西部地区的体育旅游产品而言，实现集群化发展是构筑鲜明品牌形象、提升市场竞争力的核心策略。由于西部地区地域辽阔、体育旅游资源丰富且多元化，产品的开发与多个行业领域紧密交织，特别是在基础设施建设方面，资金的需求量巨大，远超单一企业所能承受的范围，因此，必须依靠多方力量的协作与投入，共同推动西部体育旅游产品的集群化进程。高效开发西部地区的体育旅游产品的关键在于，积极培育具有竞争力的优势品牌。应采取大规模网络化与企业集团化的运营模式，以此优化资源配置，将人力、物力与财力的作用发挥到最大。通过实施精准聚焦的开发策略，紧密依托西部地区得天独厚的体育旅游资源优势，打造具有独特魅力的国家级乃至世界级体育旅游品牌。这不仅将极大地拓展国内外市场，提升其市场竞争力，更将极大地增强对全球游客的吸引力，为西部地区的旅游经济注入强劲动力。

4. 转变体育旅游发展观念

西部地区难以形成有影响力、有竞争力的体育旅游产业集群，很大一部分原因在于观念陈旧。西部地区不仅地形多样，有着丰富的体育旅游自然资源，还有诸多古城，有多个少数民族聚居地，有着丰富的文化资源，但是，西部地区的地方政府和旅游企业对于体育旅游的认识不深入，对当地拥有的体育旅游资源及其价值并不了解。因此，开发和利用当地体育旅游资源仅局限于表面，当地体育旅游产业的集群化发展难以得到充足且优质的体育旅游资源的支撑。

所以，西部地区的地方政府和旅游企业应当积极学习国家出台的相关文件精神，充分认识当地体育旅游资源的内涵和价值，转变体育旅游发展观念，将体育旅游作为当地旅游业及其相关产业发展的重心。第一，应当对当地体育旅游相关产业进行实地考察，收集各方面的资料，利用大数据技术等进行数据库分析，从而摸清当地体育旅游产业的实际情况，为构建结构合理的西部体育旅游产业集群打下基础。第二，应当从西部地区发展全局的层面上认识西部体育旅游产业的重要地位，将其作为优先发展、重点发展的产业，视为带动西部经济整体发展的龙头产业。第三，应当树立大西部观、大旅游观、大市场观，对体育旅游资源的开发与利用以及体育旅游产业的布局和发展进行宏观统筹和整体规划，把握西部体育旅游产业集群化发展的正确方向，使其与其他产业共享资源、形成优势互补。

5. 深入挖掘西部体育文化

西部体育旅游产业集群化发展需一以贯之地坚持特色化原则，挖掘当地的体育旅游特色资源，打造特色项目、特色品牌，为此，必须深入挖掘西部体育文化。

从旅游业市场现状来看，参与体育旅游的游客往往收入水平较高、文化素养较高，比较了解民族文化特色，并且对此极感兴趣，可以说民族文化特色是吸引体育旅游者的一大利器，也是打造西部体育旅游品牌特色的重要元素。缺失文化内涵的体育旅游产品将会落于千篇一律的局面，也就难以激发游客体验游览的兴趣。所以，深入挖掘西部体育文化是西部体育旅游产业集群化发展的重要措施。应当在深入挖掘西部体育文化的基础上，打造具有文化内涵和特色的多元化体育旅游产品，避免产业群内产品同质化，从而有效增强西部体育旅游产品对游客的吸引力，促进西部体育旅游产业集群的差异化、可持续发展。

6. 加强体育旅游产业管理

西部体育旅游产业集群化发展既是产业内部发展的必然要求和结果，也离不开企业的内部管理与政府的外部管理。为促进西部体育旅游产业集群化发展，应当加强产品质量与服务质量管理，并且以安全管理为基本保障。西部地区体育旅游产业产品质量与服务质量管理应当以创新为重要途径，通过创新找到适合当地的体育旅游产业集群化发展道路。不可盲目学习甚至照搬照抄其他地区的体育旅游发展模式，要扎根于当地的自然环境与文化特色，开发具有西部特色的体育旅游产品和服务，走特色的发展道路。此外，在宣传营销上也要坚持创新，通过有特色且令人印象深刻的宣传语和与众不同的营销方式，让更多游客了解西部体育旅游产品和服务。

体育旅游是体育运动和旅游活动融合的产物，体育旅游项目中往往包含多样化的体育运动，如徒步、滑雪、跳伞等，其中存在大量难以预测的因素，具有较高的风险性，可能会发生安全事故，因此，必须把安全管理作为重中之重，尽可能避免风险因素，尽可能及时妥善地处理安全事故，将其影响降到最低。总之，实现西部体育旅游产业集群化发展，要加强安全管理，在开发体育旅游项目的过程中，要实地考察，对景区和线路中的风险因素进行全面管控，排查处理安全隐患，提升体育旅游项目的安全系数。同时，在体育旅游项目运营过程中，要安排安全专员讲解注意事项，配备医务人员和必要的医疗急救设备、设施。

第三节 产业集群视角下我国体育旅游竞争力的提升策略

要采取体育旅游产业集群发展模式，是因为集群发展有助于提升产业竞争力，而需以提升竞争力作为产业集群发展的重要目标与核心。

一、加快体育旅游产业集群构建

为提升我国体育旅游竞争力，首先要加快各地区体育旅游产业集群构建。根据钻石模型，体育旅游产业集群的竞争力水平的决定性因素为生产要素、需求条件、相关与专业产业、企业的竞争条件。此外，也受到政府和机会因素的影响。下面主要从这六个方面提出构建具有国际影响力和竞争力的体育旅游产业集群的策略。

生产要素方面，应当充分挖掘各地区自然和人文体育旅游资源的特色并发挥优势，积极加快产品升级，一方面结合当地特色开发观光型和参与型体育旅游，另一方面积极开发体验型、度假型产品与服务。此外，还要推进教育改革，优化体育旅游人才培养体系，开发多元化融资渠道，引导社会资本参与体育旅游产业投资与经营，从而充分激活和调动体育旅游产业的生产要素。

需求条件方面，要具备国际眼光，积极培育国内市场，开发国际市场，适应国际体育旅游市场竞争，关注和研究外国著名体育旅游品牌的打造策略，分析比较优势，着力开发民族体育旅游产品，紧跟国际市场潮流，开发国际新型体育旅游产品，从而构建具有本土特色的体育旅游产业集群。

相关与支持产业方面，推动业态融合，促进体育旅游产业集群内不同产业之间的合作与协调，使之围绕体育旅游产业发展合理布局、调整发展规划，共享资源，联合开发，延长产业链，增强规模效益，形成产业集群。

企业的竞争条件方面，体育旅游企业需自觉从产业集群的角度作出经营决策，一方面要合理控制自身规模，改革内部管理和运作模式，制定合理的竞争战略，提升生产效率；另一方面要积极寻求与相关企业的合作，参与产业联动，完善自身产品体系。此外，促进整个产业集群的构建，尤其要加强人力资源管理和技术管理。

政府方面，政府应当积极发挥自身的宏观调控功能，通过政策引导和支撑体育旅游产业集群的形成。加强体育旅游基础设施建设,加强生态环境治理与环保宣传,引导大众形成正确的体育旅游观念,积极参与体育旅游消费。

机遇方面,北京冬奥会、成都大运会等国际体育赛事为体育旅游产业发展创造了前所未有的机遇,各地应当积极抓住机遇,同时积极申办国际著名体育赛事,通过创办具有本地特色的体育节等活动,发展本地体育旅游产业,为产业集群的形成创造有利条件。

二、坚持市场主导、政府调控

我国体育旅游产业集群化发展要扎根于我国特有的社会主义市场经济体制的土壤,同时也要依靠市场,发挥市场配置资源以及调动市场主体积极性的作用,因此需坚持市场主导。与此同时,也要看到当下我国正处于经济社会转型的关键阶段,体育旅游缺乏稳固的微观市场基础,市场监督协调机制尚未完善,加之市场本身的弱点,难免有部分体育旅游企业会存在投机行为,进而导致市场竞争失序,阻碍体育旅游产业集群的可持续发展和竞争力的提升。

体育旅游产业集群的形成、发展与体育旅游产业竞争力的提升需要政府的大力支持,在坚持市场主导的同时应坚持政府引导。政府应当通过完善制度来推动体育旅游产业结构升级和发展。立足于价值链的层面,应当将同类体育旅游地价值链的核心部分与其他旅游地的核心部分有机结合,从而提升规模效益和集群效益;打造多元化的体育旅游地,挖掘和发挥其各自优势,从而完善产品体系,形成完整、合理的产品链、产品群,优化体育旅游经营模式,促进产业集群内的资源整合与共享、优势互补,从而整体上提升体育旅游产业集群的竞争力和影响力。但是,当下我国的体育旅游产业发展层次较低,主要依托于体育旅游资源,尤其是自然资源,对旅游资源的开发和利用比较浅层化,产品结构上比较单一,主要为观光型体育旅游产品。尽管各旅游目的地的自然和文化资源各异,但是所开发的体育旅游产品却同质化严重,普遍存在零和博弈的现象,这恰恰违背了集群化发展道路。所以,地方政府应当通过宏观政策调控,协调各方利益,构建"共同愿景",优化区域体育旅游经济函数。政府应当采取强有力的、针对性的政策,引导和支持各城市、各行业合理分工、加强协作,严格管束和打击违反法律的恶意竞争和投机行为,引导市场有序竞争,为提升体育旅游产业集群竞争力创造良好的市场环境。总而言之,体育旅游产业需坚持"市场主导、政府调控"道路,以提升产业集群竞争力。

三、推动集群中相关企业不断壮大

我国体育旅游产业集群相比于欧美国家形成得较晚，至今仍处于起步时期，存在相关企业规模小、未集中经营、产品与服务质量不佳等问题，产业集群中的各要素尚需进一步完善。基于此，应当着重引导和支持集群中各个产业在空间上的集聚化经营，从而加快形成规模经济效益。延长产业链，加强产业链上下游产业的联系，发挥优势企业，带动其他企业，大力支持和引导相关企业发展壮大，从而吸引更多相关产业的加入，引导当地体育旅游业的合理分工与有效协作，促进企业间的良性竞争和共同发展。

应当适当运用民间资本，鼓励民间资本投资体育旅游产品的开发与运营，加快社会化投资结构新格局的构建和完善，从而提升体育旅游产业集群竞争力。政府应当加快体育产业投资机制改革，充分利用社会资源和社会力量，建设民营企业经济融资体系，通过政策和政府资金拉动民间资本参与，从而尽可能发挥两者的作用。与此同时，应当加快制定和完善体育旅游经营规范，尤其是从业条件和服务规范，鼓励社会力量和个人进入市场，参与投资。减少对中小民营企业的限制政策，这些企业相比于大集团企业体量小、抗风险能力小，但是发展潜力大，是市场中最活跃的因素，应当鼓励和支持他们发展，拓展其融资渠道，使之能通过上市获取资金，壮大规模，从而提升竞争力。

面对竞争和市场，体育旅游企业会自觉、自发地在空间上聚集，形成产业园区或者产业基地，不同企业间会自然地形成分工与协作，从而适应体育旅游市场经济需求，适应游客的多元需求。基于此，政府与行业协会应当顺应趋势，结合实际情况制定相关配套政策，规范企业竞争，强化体育旅游产业集群内各企业间的合作关系。同时，应当加强旅游基础设施建设，完善社会服务体系，打造良好的基础条件，为提升体育旅游产业集群竞争力提供有力支撑。

体育旅游项目，尤其是体验型项目和观赛项目实际上为体育项目，但其外在形式而言也属于娱乐业，因此，在经营中，各个体育旅游项目的税率是不一致的，其中多数按娱乐业税率缴纳，这反映了当下税收制度中的不足。各地政府应当逐步改革税制，针对体育旅游项目的税率作出明确合理的统一规定，适当地减少企业税负，这也能够有效地提升体育旅游产业集群的竞争力。

四、合理采取非均衡发展战略

构建体育旅游产业集群，提升体育旅游产业集群的竞争力，要深刻认识到我国在制度和社会发展上的特殊情况。首先，当下我国正处于经济社会转型、经济体制改革深化的时期。其次，我国仍处于工业社会和后工业社会并存的发展中国家阶段，经济发展存在区域性失衡问题。具体而言，就经济发展水平而言，我国东部地区最高，中部地区次之，最后为西部地区，这直接制约着各地体育旅游产业的发展和产业集群竞争力的发展水平。

体育旅游产品具有双重性，即一方面具有公共产品性质，另一方面具有个人产品性质。由于体育旅游业发展水平存在差异，各地区的体育旅游产品也存在质量和层次上的差异，这就导致难以在短时间内快速提升我国体育旅游的整体竞争力。因此，应当采取非均衡发展战略，促进我国体育旅游产业集群先进带后进、循序渐进地发展。应当优先发展集群中的关键企业，也就是市场份额大、实力雄厚、带动性强的龙头企业，发挥关键企业的带动辐射作用，推动其他企业的发展，最终实现体育旅游产业的整体发展。还应当进行地域细分和体育旅游需求市场细分，将区域内体育旅游发展最好的城市作为增长极，以其发展带动周边城市体育旅游产业的发展，将具有良好消费能力的中青年白领作为市场需求重点群体，通过合理营销激发这一群体的消费欲望和潜力，从而辐射扩散到其他群体，最终激发整个市场的消费需求，提升体育旅游产业集群竞争力。

五、构建全面创新驱动机制

（一）加强科技创新

在21世纪的今天，科学技术的地位越来越高，在社会各个角落都能看到科技的身影，可以说现代科技已充斥人们的日常生活之中。科技创新已经成为各个产业、各个社会领域发展的核心驱动力，引领着整个人类社会的发展，所以，体育旅游产业集群竞争力的提升，也要以科技创新为核心驱动力。

各个体育旅游企业要充分重视科技创新的力量，及时跟上市场变动，立足于消费需求，借助科技促进体育旅游产业和服务的创新，打造自身的竞争优势。可以说，包括体育旅游产业集群在内的所有产业的前途命运很大程度上由科技创新和研发能力所决定。要想提升体育旅游产业集群的竞争力，必须加强科技创新，以科技创新为核心构建全面创新驱动机制。

尤其应当发挥现代信息技术的力量，加快体育旅游产业的信息化步伐，借助新媒体，拓展信息传播和营销渠道，整合体育旅游信息，构建管理和营销大平台，从而提升体育旅游产业集群的竞争力。体育旅游产业的管理者，要想方设法地提高利用信息技术的能力，提高体育旅游产业发展的科技含量，为体育旅游产业的集群化发展构建一个科学完善的信息平台，从而促进体育旅游产业集群竞争力快速提升。还要充分利用信息技术，设计出符合时代发展潮流的体育旅游产品，打造具有国际影响力和知名度的区域体育旅游品牌，提升产业集群的影响力和竞争力，从而获得大的发展。

（二）加强观念创新

1. 从业者应改变传统观念，学习新知识

如今，体育旅游产业集群化发展已深受人们的关注，其发展迎来了一个良好的契机。为促进体育旅游产业的集群化发展，我们必须真正认识到体育旅游产业集群的深刻内涵与价值。相关的从业人员需要不断地加强体育信息、体育理论、旅游理论与常识、产业集群、协同理念等方面知识的学习，从而为与其他体育旅游企业合作、协同，形成产业集群和提升竞争力，奠定必要的理论基础。

2. 政府应树立以服务和扶持为主的理念

当前，在新的历史起点下，出现了新的时代发展要求，呼唤着新的发展理念，但是如今很多政府在体育旅游产业规划和管理上还抱守旧观念。所以，政府应当转变发展观念和管理理念，构建市场导向的体育旅游发展观，树立服务和扶持为主的理念。政府应当转变自身定位，从管理者变为服务者，从强制约束变为软性扶持，提升体育旅游相关部门的服务水平，构建完善的体育旅游产业服务体系和政策扶持体系，并结合产业发展实际不断进行调整，以坚实的保障促进我国体育旅游产业的集群化发展和竞争力提升。

3. 社会形成大众创业、万众创新氛围

社会应当加强创新创业宣传教育，营造大众创业、万众创新氛围，使更多的人通过创业加入体育旅游产业，使相关从业者在工作中自觉地创新和探索，革新体育旅游产业经营管理模式，为其集群化发展打造良好的发展空间，提升体育旅游产业集群的竞争力。

（三）加强制度创新

大量实践证明，体育旅游产业集群化发展需要一定的制度作保障，否则就难以获得健康的发展。所以，应当加强制度创新，不断完善体育旅游产业相关政策和制度，构建新的制度体系，一方面革除不符合体育旅游产业发展实际和趋势的内容，另一方面激发和调动各方力量参与体育旅游产业发展，为其集群化发展和竞争力提升创造良好的制度环境。

在制度创新上，应当关注如下三个方面。

1. 建立产学研合作创新的资源配置机制

体育旅游产业属于体育产业与旅游产业的高度结合，要想促进其进一步发展，就要充分利用一切可以利用的力量。除了政府提供必要的支持之外，还要加强与社会各部门之间的联合，如与高校、社会企业、各类体育组织等展开密切的合作与交流，通过整合各类体育资源，构建一个产学研合作创新的资源配置机制，并结合区域内实际情况进行合理配置，形成区域整体特色和内部特色，逐步扩大体育旅游产业集群的规模，提升其在其他国家和地区的影响力和国际竞争力。

2. 革新体育旅游产业制度体系

深入分析当下的体育旅游产业制度体系可以发现，其中存在一些制度空白和缺乏实际影响力、执行不到位的问题。鉴于此，应当积极创新体育体制，创新体育旅游产业制度体系。各地政府相关部门应当深入学习和领会《"十四五"体育发展规划》《国家体育总局关于恢复和扩大体育消费的工作方案》等文件精神，结合当地实际情况，制定具有当地特色的体育旅游产业集群化发展政策和制度，有效整合资源，集中力量构建和发展体育旅游产业集群，提升其竞争力。

此外，政府也要认识到体育旅游产业处于不断发展之中，需不断调整和改进体育旅游产业制度体系，对各地体育旅游发展提供正确指导，促使体育旅游产业集群竞争力不断提升。

3. 创新体育旅游产业人力资源开发机制

如今人们的物质生活水平得到了极大的提高，这为人们参加体育旅游活动创造了良好的经济基础。如今全民健身风潮初步形成，越来越多的群众参加体育锻炼，参与体育旅游，越发广阔的体育旅游市场，对体育旅游专业人才提出了更大的需求和更高的要求。

如今，面对庞大的市场需求，体育旅游人才明显不足，高校与社会都要加强培养。政府应当加强政策引导，促使高校加快教育改革，创新和优化体育旅游专业人才培养体系，加强体育旅游产业人才发展机制创新，引导社会力量加入其中，鼓励体育旅游企业加强内部人才培养和开发，从而不断输出优质人才，满足体育旅游产业发展要求，为体育旅游产业集群竞争力提升提供人才支持和智力支持。

六、选择合适的发展模式

（一）龙头带动模式

我国体育旅游企业以中小型民营企业为主，它们规模较小、缺乏资金实力、起点较低、抗风险能力弱，同时产业集群内部各企业之间未形成合理分工，企业协作层次较浅，缺乏创新能力，各企业产品同质化严重，还存在恶意竞争、竞争过度等现象。为了解决这些问题，构建结构合理、竞争有序、充分协作的体育旅游产业集群，应当积极采取龙头企业带动模式，以龙头企业带动集群内其他企业的发展，需注意以下三个方面。

1. 加强龙头企业与中小企业的合作

龙头企业应当积极发挥对中小企业的带动作用，加强与它们之间的合作，共享资源，提升资源利用率的同时，拓展集群内的产业链，壮大当地市场，推动中小企业发展，同时降低自身采购成本。

2. 发挥知名品牌辐射带动作用

龙头企业应当加强品牌建设，并借此整合当地资源，将部分业务转移给中小企业，促进专业化分工，或者采取参股、并购等措施，将中小企业吸纳进品牌体系，共享品牌效应，帮助它们提升产品附加值，降低投入成本，从而最大程度地发挥知名品牌的辐射带动作用，提升整个体育旅游产业集群的竞争力。

3. 积极推进标准化工作

体育旅游业属于服务行业，其竞争力和发展水平与其服务质量息息相关，只有优质的服务才能赢得游客、留住游客。所以，政府部门与体育旅游行业协会应当大力开展标准化工作，制定统一的服务质量标准并构建流程体系。龙头企业要以身作则，严格按照标准开展业务，提升服务质量，发挥示范引领作用。同时，标准化工作也能够促进企业内部的规范化管理，从而提升自身经营水平和效益。

（二）区域品牌聚集模式

除了龙头带动模式，还可以采用区域品牌聚集模式。随着我国体育旅游不断发展，企业的竞争核心已经从各自的景点、线路转变为服务和品牌，从单打独斗转变为联合竞争，尤其在业态融合、产业集群化发展趋势越发显著的情况下，这种联合竞争的区域品牌聚集模式的作用越发显著。在这一模式下，区域内的体育旅游相关企业相互联合、共享资源，共同创建区域性的体育旅游品牌，以实现共赢，同时也提升了体育旅游产业集群的竞争力。

七、制定集群内差异化经营策略

差异化经营战略指的是企业出于追求利润最大化的目的，设计出满足消费者个性化需求的体育旅游产品，使消费者能看中产品的价值，从而激起消费的欲望，此时价格就成为消费者的次要关注要素。这一经营策略不仅能够使体育旅游企业获得较大的经济利润，还可以满足体育旅游消费者心理层面的需求。初期阶段，体育旅游企业可以根据实际情况制定差异化的经营策略，根据体育旅游消费层次的不同细分体育旅游市场，根据旅游者的不同情况设计多样化的体育旅游产品，以满足消费者的个性化和多样化需求。

八、建立健全线上推广体系

随着现代社会的发展，各种新兴技术不断涌现，如今人类社会已经进入一个互联网高速发展的社会，社会各个行业及领域都与互联网产生了紧密的联系。体育旅游产业的发展也不例外。

在当今社会背景下，各种高科技手段、信息技术等在社会各个领域都得到了广泛的运用。如电脑、手机等已进入每一个家庭和人群，在人们的生活与工作中扮演着十分重要的角色。在信息化社会发展的背景下，智能手机得到了极大的普及与发展，通过手机人们能解决各种生活或工作问题，大大提高了生活质量和工作效率。对于热爱旅游的旅游者而言，可以充分利用手机软件选择旅游目的地、预订酒店、规划行程路线等，这为人们提供了极大的便利。因此，利用互联网可以极大地促进体育旅游产业集群的发展。大量的实践与事实表明，建立体育旅游的线上推广体系，对体育旅游产业集群的建设与发展具有重要的推动作用。

九、完善风险评估体系

市场瞬息万变，体育旅游产业发展必然面临一定的风险。经济危机、天灾人祸、市场行情不好和人才流失等问题难以预测和避免，当发生这些问题时就会出现一定的风险。因此，构建一个完善的风险评估体系，加强体育旅游产业集群的风险管理是尤为必要的。

总之，要想促进体育旅游产业集群的健康发展，提高其在市场上的竞争力，就要防范和化解各类风险，尽可能地避免风险或者在风险发生时将风险的破坏程度降到最低。这对于体育旅游产业集群的健康发展具有重要的意义。

第五章
全域旅游视角下
我国体育旅游的发展

随着休闲时代的悄然来临，现有的旅游形态已难以满足旅游者的需求，通过区域资源有机整合和产业融合来拓展旅游发展空间、多部门联动发展旅游的全域旅游理念应运而生。本章从全域旅游视角出发，审视和分析我国体育旅游的发展，基于全域旅游的相关理论认识，结合当下全域旅游给我国体育旅游发展带来的机遇与挑战，探索我国体育旅游的全域化发展模式以及发展路径。

第一节　全域旅游的相关理论认识

一、全域旅游的概念

目前，关于全域旅游的概念国内很多学者都进行了研究，形成了持续性的研究热潮。不过，由于国内的全域旅游仍处于探索阶段，还没有成熟的发展经验，所以有关其概念学界尚未达成一致。不同的学者从不同的角度出发进行了界定。

李柏文等人认为："全域旅游是在一定区域范围内通过促进旅游要素充分自由流动和优化配置，提高全要素生产率，释放旅游生产力，以构筑和谐旅居社会为目标的旅游主导型区域包容性发展思想与模式。"[1]

王旭科等人认为："全域旅游是指在一定区域内，以旅游业为统领带动相关产业，各行各业积极融入、协同发展，从而形成政府、企业、公众等共建共享、共同努力发展旅游业的局面，是一种新的旅游发展理念。"[2]

杨振之提出："全域旅游的核心内涵是在旅游资源富集地区，以旅游产业为主导或引导，在空间和产业层面合理高效优化配置生产要素，以旅游产业来统筹引领区域经济发展，持续增强区域竞争能力的创新模式；全域旅游也是对'创新、协调、绿色、开放、共享'五大发展理念的贯彻落实，从区域社会经济发展的全局高度，明确旅游业的战略地位和社会价值。"[3]

黄震方等人认为："全域旅游是将一定区域作为旅游目的地，以旅游业为优势产业，通过深化改革创新发展、整合资源统筹推进、产业融合完善供给和社会参与共建共享，实现服务要素全域优化和发展质量全面提升，以旅游业带动经济社会发展的一种新的区域旅游发展理念和模式。"[4]

当前学界关于全域旅游的探讨，在对"全"和"域"的理解与阐释角度上存在些许差异。综合而言，"全域"既强调产业融合的"全"，也强调区域融合的"全"，还包括发展力量的"全"，以及时空的"全"。本书认为全域旅游是一种发展理念与模式，它将区域体视作旅游目的地进行建设，整合区域体内的食、行、

---

[1] 李柏文、曾博伟、陈晓芬：《全域旅游的内涵辨析与理论归因分析》，《华东经济管理》2018年第10期，第181—184页。
[2] 王旭科、刘文静、李华：《全域旅游发展水平评价指标体系构建与实证》，《统计与决策》2019年第24期，第51—54页。
[3] 杨振之：《全域旅游的内涵及其发展阶段》，《旅游学刊》2016年第12期，第1—3页。
[4] 黄震方、储少莹、张梦佳：《新时代全域旅游的理论认知及其高质量发展》，《中国名城》2022年第1期，第23—31页。

购、住、游等产业要素，在政府和各种社会力量的有效聚力下，推进该区域体内旅游环境优化、资源整合、产业融合与区域合作，从而推动该区域体综合全面发展。

二、全域旅游内涵的不同解读

全域旅游是一种将某一区域视为完整的旅游目的地而开展整体规划、统筹管理、一体化运营，推动旅游产业全时空域、全产业域、全要素域发展的全域共建共融共享的发展模式。其内涵从不同的视角看，可以形成不同的解读。

（一）从旅游行业演进视角解读

我国地域辽阔、地形多样、历史文化悠久，有着丰富多彩的旅游资源。和外国相比，我国旅游行业的演进历程与众不同。宏观而言，服务于外交事业的入境旅游率先发展，之后以产业经济为主的国内旅游和出入境旅游才开始发展，由此看，全域旅游是旅游行业发展到一定阶段的产物，是以国内旅游和入境旅游为主的旅游。

（二）从市场需求变化视角解读

市场需求是产业发展的决定性因素。随着改革开放的不断深化，我国社会经济飞速发展，群众生活改善，人们对旅游的需求也随之变化。以往游客更喜欢走马观花式的观光游，而如今更喜欢以休闲为主的度假游、体验游，显然，休闲旅游相比观光旅游层次更高。除此之外，旅游市场的变化还体现在组织形式上。以往的旅游以跟团游为主，如今的则多为自驾游、散客游、智慧旅游。而从地域上看，旅游可以分为本地旅游和异地旅游。由此观之，全域旅游可看作全域休闲旅游。

（三）从旅游行政管理视角解读

旅游行政管理指的是政府旅游管理部门依法对职能范围内的旅游业进行管理。随着旅游业的发展，旅游行政管理职能也在不断发展，以往主要涉及对酒店、旅行社、景区、行业标准化、智慧旅游进行的管理，如今则以旅游公共服务、产业促进、市场监管为主。不同的政府旅游管理部门的级别、权限不同，管理性质和内容也存在差异。文化和旅游部对全域旅游的行政管理主要在于制定全国性的旅游产业政策，省级文化和旅游部门对全域旅游的行政管理主要在于规范产业环境，市级文化和旅游部门对全域旅游的行政管理则在于构建旅游目的地产业体系，县级旅游行政部门对全域旅游的行政管理则在于对县域旅游区进行整体规划。

（四）从旅游经营管理视角解读

旅游经营管理指的是对旅游业生存发展的基础要素，即旅游资源、旅游设施、旅游服务进行的经营管理。进一步拓展，旅游经营管理还包括两个方面，一方面侧重于功能模式的职能经营，也就是对旅游吃、住、行、游、购、娱、商、养、学、闲、奇、情等要素的管理，而全域旅游则包含对上述全部要素的管理；另一方面为平台经营，也就是构建平台，对旅游产业生态系统进行经营，而全域旅游则包含了区域内的整个产业域，意味着要构建整个区域的经营平台，对区域内旅游产业进行整体经营。

（五）从旅游体验构建视角解读

旅游体验指的是在整个旅游过程中，游客所产生的感知、印象、情感、经历、互动等的综合。体验经济是随着社会经济发展产生的新的经济形态，正在影响和渗透到各个产业，尤其是旅游产业。全域旅游作为旅游业发展的新模式，也属于体验经济。旅游体验以游客为中心，要想为游客创造良好的旅游体验，可以从景区空间、情境入手，还需要关注游客体验管理，坚持以人为本。由此来看，全域旅游是构建以游客为中心的旅游体验的一种发展模式。

三、全域旅游发展的基本原则

（一）稳中求进原则

在当下经济结构转型升级的重要阶段，国家大力支持旅游业发展，将其提至战略层面。然而，旅游业发展实际中仍存在不足，对于大众旅游规模的统计仍不够全面、准确，虽然群众已经形成了旅游意识，但是带薪休假制度尚未很好地落地，对旅游业的发展产生了不利影响。同时，旅游业有其发展的自身规律，若忽视其规律很容易造成资源浪费、引发生态问题，所以全域旅游发展非一朝一夕之事，不可急于求成、盲目推进，而应当结合社会实际、顺应旅游业发展规律，稳中求进，稳扎稳打，逐步推进，使其有序发展。

发展全域旅游即在区域内构建良好的旅游氛围，使旅游业的各生产要素和产业部门尽可能维持稳定、宽松状态，相辅相成、互促互进，将整个区域视为完整的旅游目的地来逐步地建设和运作。

（二）政策引导推动原则

全域旅游发展要坚持政策引导推动原则。首先，国家持续推出相关的顶层规划政策，省级政府应当结合当地实际制定差异化同时整体稳步发展的全域旅游发展政策。省级政府要充分发挥自身作用，坚持"统筹布局、突破重点、强化考核、调动市县、整合资源"，为全域旅游发展顶层规划政策的落实发挥中场力量。市、县级政府要积极落实上级政策，整合全域旅游发展的各要素，针对具体的项目进行规划，长期规划与短期规划结合，持续推动全域旅游发展。

（三）立足地域特色原则

第一，某一地区的全域旅游能否吸引游客，关键在于其是否符合市场需求，是否有强大影响力和吸引力的旅游吸引物。所以，发展全域旅游不可盲目借鉴其他地方的模式，要始终立足地域特色，关注市场需求，大力开发具有本地特色的旅游产品。第二，全域旅游不是将区域内的所有地方都开发成旅游目的地，而是要选择有条件的地方，立足地域特色，开发出特色旅游产品，抓住具有旅游业发展优势的关键节点，把旅游业与其中的各种产业创意组合，形成新业态、新产品，从而有效地给旅游市场提供创新性的产品。要始终立足地域特色，采取"旅游+"的方法。

（四）保持警醒，居安思危原则

发展全域旅游整合了全要素、全产业域、全时空域，面临的风险自然也更多，要坚持保持警醒，居安思危原则。一方面，要在前期做好安全防范工作，消除安全隐患；另一方面，在开发旅游项目的过程中，要加强生态保护，避免对自然环境造成破坏。

全域旅游是将区域整体打造成一个旅游目的地，要采取"旅游+"的方法，将旅游与全社会、各行业结合，从而使全社会参与旅游目的地的打造，相互协调、配合。不管哪个产业或者行业与旅游融合，都要做到保持警醒、居安思危，尤其是在生态方面，不能涸泽而渔。此外全域旅游管理不仅是对旅游产业的管理，而是对所有产业的管理，要坚持公开透明。

（五）整合资源，共同发展原则

老革命根据地、少数民族地区、边境和边远地区以及贫困地区，他们的地理区位条件不佳，经济发展水平落后，旅游业同样落后。然而这些地区通常具有大量的旅游资源、丰富的民族民俗文化，具有旅游发展潜力。所以，在这些地区，应当把全域旅游与扶贫工作相结合，坚持整合资源、共同发展原则，以全域旅游为抓手，把区域内的资源、资金整合起来，开展基础设施和公共服务建设的同时，也推动扶贫工作进一步开展；增加贫困人口的收入来源，提升他们的收入水平，推动区域内的居民乘上全域旅游发展的东风，实现充分就业，让更多的群众享受到全域旅游发展成果。

全域旅游发展应当与当地特色小镇、风情小镇等的建设相结合，从而引领中小城市发展质量和水平稳步提升。

旅游作为服务型行业，本质上是为人提供服务、促进人的流动的行业。游客是旅游业发展的关键要素。全域旅游发展要以人为中心，从游客的需求和体验出发，也要重视人的智慧，借助人的智慧和科技成果，创新旅游产品和服务乃至旅游产业的各个环节和各个方面，重构旅游行业新体系，开创智慧旅游新境界。

四、全域旅游的理论支撑

（一）旅游系统论

1. 旅游系统的概念

根据系统论观点，所谓系统指的是有目标和特定功能的整体，其构成要素为一组彼此依存、相互作用和转化的客观事物，可称之为单元。各单元之间存在多种要素的流动，如物质、能量、信息、人员、资金等，并且各单元之间并非简单联结，而是有机结合，才构成了系统这个整体，所以，系统大于各单元简单相加的总和。系统并非人类社会所独有的，自然界和人类思维中也存在。世界不断变化发展，系统也要随之发展，人类不断地以自身智慧，依据一定的目标，调整旧系统中的各要素，使之成为适应时代需求的更高效的有机整体，加快了系统组织发展的速度，使之与人类生存发展需要更加契合。

旅游系统概念为澳大利亚学者尼尔·利珀（Neil Leiper）所提出，但是对于这一概念的理解，学界始终未达成共识。国外学者的观点大致可分为两种，其一认为其由五个要素彼此作用构成，即旅游者、客源地、交通线路、目的地和旅游业；其二认为其由四个环节彼此作用构成，即客源市场、旅行、目的地和市场营销。国内则有学者将其理解为包含客源市场系统、出行系统、目的地系统和支持系统这四个子系统的，由旅游活动中的各个要素彼此依托和作用形成的开放性有机整体。还有学者提出，它是一个结构和功能比较稳定的，涉及经济、社会和环境的边缘组合产物，核心为旅游目的地的吸引力，特征为人流的异地移动性，手段为闲暇消费，构成要素为旅游者、旅游地和旅游企事业。

旅游系统指的是旅游者借助旅游媒介至旅游目的地的旅游活动系统。其构成要素显而易见，即旅游主体，也就是旅游者；旅游客体也就是广义上的旅游产品；旅游媒介，也就是旅游业和贯穿这三者的旅游活动。从这一层面上说，旅游系统的构成要素为客源地、目的地和旅游媒介三个子系统，而没有旅游业或与旅游业相关的经济要素。总的来说，旅游系统是一个由直接参与旅游活动的各个元素彼此依托和制约形成的开放的有机整体。

2. 旅游系统的组成结构

系统中的各部分只有按照一定的结构方可组成整体的系统，并使系统具有一定的功能，因此，必须研究旅游系统的组成结构。旅游系统不仅是一个完整的地域，还具有完整的功能，是一个开放的复杂整体。在旅游学科研究中核心任务就是把握旅游系统的特征，将其用于旅游开发、规划、经营和管理。从旅游系统的组成看，主要有客源市场系统、出行系统、目的地系统和支持系统四个子系统。

客源市场系统的构成因素为旅游者及其形成和活动的背景。按照旅游者的出游距离和活动类型等，客源市场可以分为三种，首先是日常旅游和一日游的当地客源市场，其次是一日游和过夜游的来自其他地区的国内客源市场，最后是过夜游和度假游的国际客源市场。在政府旅游行政管理和旅游企业的经营管理中，都要对客源市场进行深入分析、把握和预测，只有这样，才能够制定出科学合理的决策。此外，学术研究中也有很多学者对客源市场进行研究，如客源市场的调查分析、人均日消费与旅游毛收入预测、就业机会数预测等。

出行系统由旅游者离家出行、前往目的地的基本机制性因素构成，即交通、旅行服务、信息服务和目的地营销。交通方面不仅包括基本的交通方式，如公路、航空等，还包括旅游者在交通方式、出游路径等方面的选择模式，旅游线路的设计组合，旅行的时空分布和空间类型，如环游型、基地型、单一型等。旅行服务指的是旅行社提供的旅游咨询、酒店和门票预订和其他服务。信息服务主要由政府、旅游目的地和销售商提供。目的地营销指的是旅游目的地为了调动潜在游客消费欲望而进行的旅游宣传、营销等，其中通常涉及旅游产品的市场分析。

目的地系统是一个综合体，包含了旅游目的地为游客提供的观光、娱乐、饮食、住宿、参与体验、购物和其他服务等一切能够满足游客旅游需求的要素。在整个旅游系统中，目的地系统与旅游者的联系最为深刻，它和出游系统中的交通因素，被称为旅游六要素，即吃、住、行、游、购、娱。所以，有些人会错误地将整个旅游系统与这六要素画等号。具体而言，目的地系统的主要构成要素为吸引物（旅游资源）、设施和服务，其中在整个旅游系统中影响最大的是服务子系统，尽管其没有实体形态，但是却直接影响着旅游者的满意度，一定程度上决定着他们会不会变成"回头客"，以及能否吸引潜在旅游者来此消费。

支持系统指的是旅游产业之外的其他机构，如政府、旅游相关产业，他们对旅游业的支持主要包括政策保障、人才教育和培训、环境保护等。这也是旅游学科研究中的重要课题，尤其是在我国的特殊经济环境下，旅游业的发展离不开政府政策的规划、引导、约束和支持，尤其是国家制定的旅游发展战略和地方政府为实施战略而制定的具体政策。换言之，在旅游系统中，旅游发展战略是非常重要的一部分，是旅游业健康可持续发展不可或缺的重要保证。

立足于系统论的观点，全域旅游就是一个包含多种要素的系统，是一个有机整体。我们要将旅游系统论的理论和方法用于全域旅游的理论研究、资源配置与开放利用、旅游管理等各方面，从而找到其内部要素的内在联系及其与外在环境的关系等客观规律。

（二）旅游产业链管理

只有满足如下条件，才能够形成产业链：首先，有核心或者龙头企业，并且其需对其他相关产业产生带动作用；其次，各企业之间存在投入产出关系或协调统一关系，从而彼此相关、相互联系；再次，产业链一般位于一定的区域内，能够增强这一区域产业竞争力；最后，产业链中的企业之间为合作或联盟关系。

1. 旅游产业链的概念

（1）基于旅游者需求界定旅游产业链的概念

旅游产业是产业链形成的基础，而旅游产业的形成在一定程度上是由旅游者的需求所决定的，所以，我们可以从这一角度出发界定旅游产业链的概念。即旅游产业链主要是指旅游者在从获取旅游信息，到前往旅游目的地，再到完成旅游的整个活动过程中，为满足自身需求而进行的各种旅游消费的相关企业分别属于不同产业类型，由此而形成产业链接关系。这一概念属于狭义概念，但是更方便国家和社会机构对旅游产业进行统计和操作。因此，国家旅游局在统计旅游产业时使用的数据标准采用了这一概念。

（2）基于旅游产品供应界定旅游产业链的概念

很多学者把旅游产业解读为生产和提供旅游产品与服务的旅游企业的结合，所以，我们要从旅游产品和服务的供应的角度界定旅游产业链的概念。可以将其界定为旅游产业和服务从供应到分配的整个链条，基于此，旅游产业链可以分为四个环节，即赢得订单、分配前的支持、分配以及分配后的支持，或者分为四个部分，即旅游供应商、旅游开发商、旅行社和游客。

（3）基于空间移动范围内旅游产品供应界定旅游产业链的概念

从空间移动范围内旅游产品供应的角度，可以将旅游产业链界定为，在旅游者从家到旅游目的地再到完成旅游的整个空间范围内，为其供应旅游产品的旅游企业之间的产业供需关系。

2. 旅游产业链的特性

（1）复杂性

旅游产业链中包含多个部分，它们围绕着旅游者的需求，承担不同的分工，并且彼此联系，在动态发展的过程中相互协调，构成一个有机整体，成为一个完整的产业系统。旅游产业链中包含多个环节、多个要素，并且它们之间的协调难度超出一般产业链，同时各企业彼此影响和制约，分属不同部分。这就使得旅游产业链具有复杂性。

（2）特殊性

旅游产业链的特殊性指的是组合关系和链核的特殊性。通常而言，在一般的产业链中，企业之间的分工合作关系的基础在于上游产业的物质产出是下游产业的物质投入，换言之，产品加工的整个过程形成的纵向的加工链，将各个企业联系在一起，企业间的关系为基于上下游物质投入与产出的纵向关系。但是在旅游产业链中，各旅游企业之间分工合作关系的基础在于为旅游者提供完整的旅游产品、服务，也就是说，并非生产环节，而是旅游产品的组合，将各个旅游企业联系在一起，旅游企业间的关系为不同类型旅游产品和服务的横向组合关系。

(3) 关联性

旅游产业链中包含多个层次和类型的产业，既有核心旅游产业，如旅游景观业、旅行社，也有旅游相关配套产业，如交通业、餐饮住宿业等，这些产业以旅游六要素为中心构成了完整的产业体系。第一、二、三产业的企业与政府相关部门相互协作才为旅游者提供了完整的旅游产品和服务，如农业、林业等第一产业既可以作为旅游景观，也提供物质支撑；工业、建筑业等第二产业中有诸多与旅游业相关的行业，金融业、保险业、体育业、文化业等第三产业也为旅游业提供了大力支持。

(4) 中间性

旅游产业链中，各个企业并非买卖供需的市场关系，而是更为密切和稳定的长期战略联盟关系。一般产业链中的企业联合并非简单的纵向一体化，而企业联盟又区别于企业联合，可以在一些关键领域，进行企业个体运作。相比之下，旅游产业链不仅并非市场交易关系，也并非单纯的企业组织关系，而是介于两者之间的，兼具微观特征和宏观特征的中间组织。

(5) 网络性

一般的产业链是由产品加工链所衍生的纵向链条，企业之间是一种上中下游相互关联的关系。相比之下，旅游产业具有极强的综合性，因此，旅游产业链是以为旅游者服务为中心的各企业网状关联的形态，各企业之间的关联十分复杂，尤其是核心企业和节点企业，包含纵向关联、横向关联和混合关联。

（三）可持续发展原理

1. 可持续发展的内涵

可持续发展强调在经济、资源、环境、社会、人口等方面的协调和共同发展，是以人与人、人与自然的和谐、协调发展为核心的综合性概念。其内涵分为如下三个层面。

首先是经济可持续发展，这是对以往的资源型经济发展模式的一种超越，也是可持续发展的首要目标。不管是可持续发展，还是人类的和平与发展事业，都强调发展经济，改善人类生活，都以此为重要目标。为了实现可持续发展，必须解决的就是贫困问题、经济发展问题，这主要是因为贫困会导致人类为了生存而不计后果地利用自然资源，降低人类可持续利用自然资源的能力。与此同时，我们要认识到，经济可持续发展所追求的不只是"量"的增长，而是强调提升经济发展质量和效益，要求放弃传统的对资源依赖性过强、高污染的生产方式，而采取绿色生产方式，适度进行消费，避免对环境造成严重的破坏，从而协调经济发展与环境保护的关系，提高人类精神和物质生活水平。

其次是社会可持续发展，这是人类追求的目标，是可持续发展原理的核心和最终目的。为达到这一目的，要以经济可持续发展为基础。换言之，两者相辅相成、相互补充，都不可或缺。只有在实现经济可持续发展的前提下，社会才能够实现可持续发展，相反，若是社会无法可持续发展，经济也就无法可持续发展。在经济全球化的今天，世界各地紧密相连，但同时彼此的发展水平、发展阶段及目标都存在较大的差异，但是不管发展阶段和目标如何，所有地区的可持续发展都以提高人类生活和健康水平，推动社会和谐与进步为核心要义。

最后是生态可持续发展，分为两方面，分别是资源可持续利用与环境保护。按照自然资源的特点，对于不可再生资源，应当最大程度地进行保护，同时探索可替代资源；对于可再生资源，也不能过度开发，以免开发速度超出其再生速度，以致损害子孙后代的利益。此外，要根据生态环境的承载力和自我修复能力，控制开发活动的强度和废弃物的排放量，协调人类发展的需要与生态发展的需要，实现循环发展。

2. 可持续发展的原则

（1）共同性的原则

地球是人类唯一的、共同的家园，人类无法脱离自然而生存和发展，人类有责任、有义务共同应对气候变化、臭氧层破坏等全球问题，并且全球问题并非单个或者少数国家可以解决，只有全人类联合起来进行国际合作才有可能解决。同时，开展国际合作应当以尊重各国的国家主权和国家利益为前提和基础。可持续发展只有在全人类联合起来，把人类的局部利益与整体利益结合起来的基础上，才能够实现。

（2）持续性的原则

自然资源和自然环境的承载力是有限的，人类对其开发和利用不能超出其范围，方可实现持续性的发展。因此，我们应当借助科技的力量，科学合理地利用自然资源，才能使之长久、可持续地为人类社会发展提供支持，实现短期利益和长期利益的平衡。

（3）公平性的原则

公平性的原则包含两个部分，即代际公平与代内公平。前者指的是现在的人类和未来的人类都生活在地球上，都同等地拥有利用地球自然资源和环境的权利，但是地球中的自然资源和环境有限，当代人不能为了自己的发展需求过分利用自然资源而损害子孙后代的利益。后者指的是人类个体之间、国家之间、人与其他生物之间没有高低贵贱之分，在享用自然资源与环境上的权利是同等的。各国不能为了自己的发展而损害他国的环境和发展利益，人类不能为了自身发展危害其他物种的生存发展。

第二节　全域旅游给我国体育旅游发展带来的机遇与挑战

发展全域旅游开拓了我国体育旅游发展的视野和思路，为我国体育旅游发展带来了机遇，同时，体育旅游全域发展也面临着很大的挑战。

一、全域旅游给我国体育旅游发展带来的机遇

全域旅游给我国体育旅游发展带来的机遇主要体现在，国家在体育产业、旅游产业、体育旅游产业发展政策方面，更加关注全域旅游发展视角，并且为全域旅游发展制定了多项政策，为全域体育旅游发展提供了有力支撑。

国家针对体育产业和旅游产业发展不断出台政策，尤其在全域旅游方面提供了有力的政策支撑。2016年全国旅游工作会议在海口召开，会议指出必须变革旅游发展模式，转变旅游发展思路，创新旅游发展战略，全面推进全域旅游建设。同年国务院发布《"十三五"旅游业发展规划》，提出从景点旅游转向全域旅游，加快构建资源整合、产业融合的全域旅游模式，推动旅游业进一步与农业、工业、文化、体育等产业融合；要求从全域统筹规划、整合全域资源、调动全域要素、全产业和全社会共建共享、共治共管的目标出发，积极深化改革综合管理体制；构建新型统筹规划理念，将全域旅游与城乡一体化、生态保护等其他规划相融合，以发展全域旅游为入手点，加快多规合一进程。2017年国家旅游局推出《全域旅游示范区创建工作导则》，为创建工作提供了方向指引和行为准则，明确了创建方针、原则、目标，规范了创建工作的程序，要求构建完善的管理和退出机制。后又发布了《2017全域旅游发展报告》，报告中提到，旅游行业改革已经将全域旅游作为突破口和助推器；全域旅游和旅游业态融合发展已经在产品建设上取得极大成果，形成了平放的"旅游+"发展格局的雏形；各地区普遍加大公共服务建设力度，并取得良好成果，形成了较为成熟的全域公共服务体系。2018年，国务院发布《关于促进全域旅游发展的指导意见》，将促进全域

旅游发展提到国家高度，将其作为推动经济社会发展的重要抓手，强调大力推动旅游和体育等产业的融合发展，开展"旅游＋体育"建设，大力发展体育旅游，如冰雪运动、山地户外运动、汽车摩托车运动等，一方面把城市大型商场、运动休闲特色小镇、有条件的景区等旅游目的地建设成体育旅游综合体，另一方面加强体育旅游休闲设施建设，如城市绿道、骑行专线、慢行系统等，建设具有多种功能的主题旅游线路。2020年文化和旅游部相继推出《关于修订印发〈国家全域旅游示范区验收、认定和管理实施办法（试行）〉和〈国家全域旅游示范区验收标准（试行）〉的通知》，完成了第二批国家全域旅游示范区建设。2020—2024年，各地政府也都基于自身实际制定落实《关于促进全域旅游发展的指导意见》实施细则。

健全的体育旅游政策明确了体育旅游产业的发展与改革方向，成为促进体育旅游产业健康发展的重要保障，相关政策的颁布实施为我国体育旅游发展创造了良好的制度环境。

（一）促进了资源共享

为推动体育旅游发展，在全域旅游发展战略和国家所颁布的旅游产业政策文件中，多次强调体育产业与旅游产业之间资源共享的态势。资源是产业发展的现实基础，共享能实现有限资源的效用最大化。通过政策的支持，旅游产业与体育产业之间的资源共享有利于革新传统的产业资源观念，尽快树立资源整合和共享观念，形成大资源观，最大程度地提升产业资源利用效率和效益，让产业资源突破技术和市场边界，在旅游和体育产业之间实现相互流动和共享，从而促进资源上的优势互补，推动旅游与体育产业进一步融合。体育产业资源中的体育赛事活动、体育民俗活动、体育会展、体育场馆等都可以作为旅游观光体验的对象，而旅游产业资源中的风景区、休闲公园、酒店等可以为体育参与者提供赛事或健身的场所。我国丰富多彩的旅游资源与体育资源的共享将会为我国体育旅游产业的发展提供资源保障。

（二）提供了资金保障

2016年国家旅游与国家体育总局发布的《关于大力发展体育旅游的指导意见》、2018年国务院办公厅发布的《关于促进全域旅游发展的指导意见》等政策文件，都在资金方面提出了重要意见，一方面要求政府加大财政支持，充分利用已有的资金渠道，为基础设施和公共服务设施等提供更多的专项建设资金，为"旅游+"提供更多的资金支持；另一方面要求拓展融资渠道，引导社会资本以多种形式参与体育旅游产品的开发和项目建设，鼓励基金公司等金融机构投资体育旅游项目，为相关企业提供金融支持。另外，在国家政策的引导与推动下，各省市也开始逐步成立专项基金，为体育旅游产业发展提供资金保障。如金华市在2023年发布的《金华市体育产业发展专项资金管理办法》，规定"对获评为省级运动休闲基地、省级运动休闲乡镇的单位，分别予以15万元奖励。对获评为省级运动休闲旅游示范基地、精品线路和优秀项目的单位，分别予以5万元奖励"。① 云南省2022年发布的《云南省体育产业发展专项资金管理办法（试行）》，规定"对获评国家或省级体育产业领域示范、试点、精品等重要奖项的项目，按照不超过最高补贴标准给予补助。对获评不同奖项的同一项目不重复补助，按照就高原则给予补助"。② 其中，省级体育旅游示范基地、体育旅游精品项目、体育运动类特色小镇以奖代补的最高补贴标准分别为100万元、20万元、300万元；国家级体育旅游示范基地、体育旅游精品项目分别为200万元、50万元③。更多资金投入体育旅游领域，极大地保障了我国体育旅游的稳定健康发展。

（三）加强了旅游目的地建设

2018年国务院办公厅印发的《关于促进全域旅游发展的指导意见》明确提出，"大力发展冰雪运动、山地户外运动、水上运动、汽车摩托车运动、航空运动、健身气功养生等体育旅游，将城市大型商场、有条件景区、开发区闲置空间、体育场馆、运动休闲特色小镇、连片美丽乡村打造成体育旅游综合体"。④ 2019年国家体育总局联合国家发展改革委发布了《进一步促进体育消费的行动计划（2019—2020年）》，要求相关部门持续推进体育与文化、旅游等产业融合发展。鼓励和引导利用废旧厂房等现有设施，持续推进公共体育场馆的改进工程，增设必要的体育场地设施和项目，将其升级为体育综合体；支持旅游景区引入体育资源，增设体育消费项目，升级成体育与旅游高度融合的体育综合体；细化落实运动休闲特色小镇规划建设，推动试点项目健康有序发展，打造成生产、生态、生活"三生融合"的体育综合体；积极推动航空飞行营地、汽车自驾运动营地、山

---

① 金华市体育局：《金华市体育局关于印发〈金华市体育产业发展专项资金管理办法〉的通知》（http://tyj.jinhua.gov.cn/art/2023/12/5/art_1229155667_1799783.html）。
② 云南省体育局：《云南省体育局关于印发云南省体育产业发展专项资金管理办法（试行）的通知》（http://tyj.yn.gov.cn/news_show.aspx?id=34661）。
③ 云南省体育局：《云南省体育局关于印发云南省体育产业发展专项资金管理办法（试行）的通知》（http://tyj.yn.gov.cn/news_show.aspx?id=34661）。
④ 国务院办公厅：《国务院办公厅关于促进全域旅游发展的指导意见》（https://www.gov.cn/gongbao/content/2018/content_5280575.htm）。

地户外营地等建设,打造成体育综合体;大力实施《百万公里健身步道工程实施方案》,把美丽乡村串联成集文化、旅游、休闲、观光于一体的体育综合体。各地方政府也积极响应,加强旅游目的地建设,如重庆市体育局2023年出台的《重庆市创建国家体育旅游示范区行动计划(2023—2027年)》,提出"推动国家体育旅游示范基地创建。充分发挥万盛黑山谷旅游度假区、丰都南天湖旅游度假区等国家体育旅游示范基地的示范引领作用,带动全市建设一批体育旅游设施及公共配套设施完善、服务功能完备、体育产品和服务丰富多样且全年持续供给的体育旅游集聚区"。[1]

此外,近年来,党中央十分重视生态文明建设,地方政府结合当地实际落实国家决策部署,加速了生态环境保护制度的构建和完善,在全域、全产业深入开展了节能环保工作,严格执行污染行动防治计划,完成了多项生态保护和修复工程,生态环境建设成效显著,为体育旅游的全域化发展打好了基础。

随着经济体制改革的不断深入,国民经济平稳发展,居民收入同步增长,居民消费动力逐步增强、消费结构继续升级,极大地促进了旅游市场规模持续高速增长。供给侧结构性改革也为体育旅游发展创造了良好的机遇,促进了旅游产品体系以及旅游公共服务体系的完善和优化,助力体育旅游全域化发展。

如今科技创新已经渗透到体育旅游发展的全过程,对体育旅游产业链条进行重塑,无论是体育旅游的出行方式、体育旅游产品的设计开发,还是体育旅游的销售管理,无不凝聚着科技创新的力量。科技的发展为体育旅游全域化发展注入了源源不断的动力。

二、我国体育旅游实现全域发展面临的挑战

当前我国体育旅游要实现全域发展也面临着诸多挑战,突出表现在体育旅游发展区域不平衡、国际竞争激烈以及管理体制不够完善等方面。

(一)体育旅游发展区域性失衡

体育旅游发展的区域性失衡问题由来已久,主要表现为"东强西弱、南强北弱"。

---

[1] 重庆市体育局:《重庆市体育局关于印发〈重庆市创建国家体育旅游示范区行动计划(2023—2027年)〉的通知(渝体〔2023〕406号)》(http://tyj.cq.gov.cn/zwgk_253/fdzdgknr/ghxx/202401/t20240102_12774211.html)。

1. 竞技体育赛事分布失衡

我国的西北部地区拥有较好的生态资源，提供了发展旅游的基础条件。但受限于基础设施不完善、区域经济发展水平较低等因素，其旅游发展方式相对粗放，政府在经济、税收等方面的扶持力度有限，市场化开发程度相对较低；宾馆、体育基础设施建设较为落后，接待能力不强；竞技体育赛事引入较少，多是常规性的全国性球类联赛。在西部大开发的战略背景下，西北部地区承办的赛事逐年增加，西部12省区市近年来承办全国性体育单项比赛的数目有明显增加，但相对于西部12省区市的人口与面积而言，赛事比例明显偏低。虽然西北部地区引入的一些知名赛事也已发展成为特色赛事，如环青海湖国际公路自行车赛，举办多年来已经升级为亚洲顶级赛事，跻身为国际重要自行车赛事之一，并发展成为西部体育的一张重要名片，但较东南部地区而言，西北部地区承办的高水平赛事还是偏少。

东南部地区体育旅游目的地的接待能力、旅游产品的丰富度和服务水平，明显优于西北部地区。在过去的十多年时间里，上海每年举办的赛事数量都在不断增加。上海2023年共举办了"118项体育赛事，19万人次参赛，129万人次现场观赛，带动消费37.13亿元，拉动相关产业效应达128.64亿元"。① 自国务院提出"取消商业赛事和群众性体育赛事活动审批，加快全国综合性和单项体育赛事管理制度改革"以来，南京市体育赛事规模不断扩大，办赛主体日趋多元，体育竞赛的溢出效应、辐射功能和拉动作用日益彰显，体育竞赛表演产业成为推动体育旅游产业快速发展的重要力量。从全国赛事资源分布来看，承办赛事较多的是上海、北京、江苏、福建、浙江、山东、广东等地，西北部地区由于交通、体育场地等资源和经济发展状况的限制，承办赛事较少，我国的竞技体育赛事旅游产品分布呈现出明显的区域不平衡状态。

2. 体育休闲旅游资源开发、产品分布和区域合作失衡

西北部地区经济相对落后，政府政策倾斜和经费支持有限，市场机制尚未很好地运作，休闲旅游资源未得到充分开发。如在运动休闲小镇的规划与建设方面，国家体育总局公布的第一批运动休闲特色小镇试点项目多分布于东南沿海地区，广东、山东、上海、江苏等地区的项目数量都在3个以上，而新疆、青海、宁夏和西藏等西北部地区都只有1个项目。东南部和西北部地区之间无论是体育旅游资源的开发还是潜在体育旅游消费能力均呈现出一种不均衡的状

---

① 沐一帆、轩召强：《〈2023年上海市体育赛事影响力评估报告〉发布 文体商旅展联动效应充分释放》（http://sh.people.com.cn/n2/2024/0305/c134768-40765217.html）。

态。另外，我国已经形成京津冀、长江三角洲、珠江三角洲、黄河三角洲和山东半岛蓝色经济区等旅游生态圈，各生态圈便捷的交通条件和较为成熟的合作机制，都为体育旅游的区域合作发展奠定了较好的基础，而西北部体育旅游的区域合作发展仍需探索并积累经验，这在一定程度上也给当地体育旅游的快速发展带来了挑战。

（二）国外体育旅游市场竞争力强盛

学界非常关注旅游目的地竞争力及其评价的研究。很多学者从多种角度对旅游竞争力开展了多元化的研究和探讨。因为游客的旅游经历以旅游目的地经历为主，旅游目的地竞争力很大程度上代表着旅游市场的竞争力，因此，学者普遍从旅游目的地入手对旅游竞争力进行界定。其中，竞争力的含义主要分为两层：首先，其指向一种经济能力；其次，其作为比较的结果，以不同竞争主体的强弱比较为落脚点，以市场占有率、盈利率等为反映形式。在市场经济中，竞争力最直观地表现为一个企业能够比其他企业更有效地给市场上的消费者提供产品或服务，并且能够获得自身发展的能力或者综合素质。竞争力最基本的显示性指标就是市场占有率和盈利率。目前，从生产力和盈利角度界定国际竞争力的方法得到广泛认可。体育旅游产业竞争力指为市场提供产品和服务并努力抢占更多市场份额，从而获得盈利和促进自身可持续发展的能力，其评价指标多样，政府调控力、要素供给力、市场需求力、企业竞争力和关联产业支持力是其重要构成。本部分主要从反映市场需求力的旅游人数和反映要素供给力的体育旅游资源两个方面分析国外体育旅游市场的竞争力。

体育旅游出境游人数快速发展。随着体育旅游迅速发展，国内体育旅游消费快速增长，出境观赛旅游的人数呈现逐倍增长趋势，并成为一种潮流。在消费升级和建设"健康中国"的大背景下，出境观赛游不再只是体育迷的专利，越来越多的人群开始有意识地将观赛列为出境游的特殊体验。观赛游选取的多是顶级赛事的热门场次，其中足球、NBA（美国职业篮球联赛）、网球项目颇受消费者青睐。西甲联赛（西班牙足球甲级联赛）的观赛场次从最初的个位数迅速增长，以NBA为核心的篮球观赛游，出行人数也成倍增长。不少中国消费者不惜花几万甚至数十万的费用出国观赛。出境游的体育旅游市场潜力巨大。2016年携程平台上线"体育赛事"频道，上线半年时间，"体育赛事"已经成为平台24个产品品类中仅次于徒步、健康理疗的最受欢迎的品类之一。该品类先后上线了NBA、欧洲杯、英超（英格兰足球超级联赛）、全球马拉松、澳网（澳大利亚网球公开赛）、温网（温布尔登网球锦标赛）、F1（世界一级方程式锦标赛）、UFC（终极格斗冠军赛）、高尔夫公开赛等近百条赛事产品，主要覆盖在人气目的地举办的、在中国体育迷中有影响力的赛事，取得了良好效果。除了观赛旅游，还衍生出了相关产品，如观看球员训练、参观球队更衣室、荣誉室等深度赛事产品。除了出境观赛游，出境参与型体育旅游需求也逐渐增长。由于近几年国内滑雪市场的快速发展和2022年冬季奥运会的影响，中国消费者对境外滑雪旅游的需求也在迅猛增长。2023年"在携程App（手机应用程序）上，日本北海道、瑞士阿尔卑斯山区的跨境跟团和自由行产品受到欢迎。12月以来，出境滑雪产品订单环比增长460%"。[①] 除欧锦赛（欧洲足球锦标赛）、奥运会、英超、欧冠（欧洲冠军联赛）等常规赛外，多家旅行社还为中国体育迷或体育旅行爱好者准备了丰富的体育旅游产品，提供了专业体育赛事与体育活动以供挑选。境外体育赛事旅游人数的不断增长说明了国内体育爱好者对境外体育旅游市场需求的提高，国外体育旅游市场具有强势竞争力。

国外具有丰裕和高知名度的体育旅游资源。体育旅游资源能否成功吸引中国消费者参与，与其质量或知名度密切相关。体育境外游比重的增加，反映了国民体育消费观念与水平提高的同时，从侧面说明了国外，特别是欧美国家拥有一定数量的优质体育旅游产品。欧美高质量的国际观赏类赛事资源早已被国人广为熟知，如欧洲杯（又称欧锦赛）、NBA和F1等，这些优质的赛事资源对中国体育爱好者有着极强的吸引力。

国外参与型体育旅游资源种类齐全，且得到较好的开发。如欧美优质的雪场资源及其易达性对滑雪爱好者产生了强大的吸引力。目前全球国际滑雪爱好者最主要的目的地依然是欧洲，西欧和东欧垄断了约八成的国际滑雪市场，仅阿尔卑斯山周边就有上百个雪场。海拔高、雪质好的瑞士拥有数量众多的雪山和滑雪场。阿尔卑斯山有大量优质的雪源，许多大型滑雪场拥有数十条雪道，足以让滑雪者充分体验滑雪乐趣，而便利的交通和数量颇丰的滑雪场缆车则增添了更多助力。"瑞士拥有200多个高品质滑雪场，13条高山齿轨铁路，约600条空中索道，还有4000多名专业滑雪教练。瑞士拥有总长7300千米的高山滑雪道，还拥有欧洲最长的冬季徒步登山道，总长2500千米。瑞士有29个冬季滑雪场位于海拔2800米以上的高山。全球共有2000余处配备至少5条拖牵设施的滑雪场，瑞士拥有

[①] 叶佳茵：《冬游赏雪玩雪魅力无限　冰雪旅游产品预订火热》（https://epaper.xxsb.com/html/content/2023-12/12/content_902543.html）。

其中 90 处，绝对数量居全球第六位。瑞士每 1000 平方千米就有 2 处以上滑雪场，密度位居世界第三。冬季滑雪人次过百万的大型滑雪场，全球仅有 50 余处，瑞士拥有 6 处，保有量位居全球第四。按人口基数衡量，瑞士人均滑雪人次仅次于奥地利，居全球第二。"①作为北美顶级滑雪目的地，加拿大不列颠哥伦比亚省的很多滑雪度假村雪场的体量、雪质、设施都属一流。而且当前滑雪爱好者前往加拿大的签证办理和航班等越来越便捷，通过旅行社或在线旅行社（OTA）平台购买团队或自由行滑雪产品的渠道也越来越顺畅，为滑雪爱好者的境外参与提供了有利条件。除了境外滑雪，境外马拉松参赛人数也不断增加，国外众多马拉松赛事中不乏中国马拉松爱好者的身影。

尽管 2020—2022 年的出境旅游降至冰点，但是 2023 年以来，出境旅游已经逐步恢复。日本、韩国、英国、法国和德国等吸引着大批中国游客前往游玩。

反观国内体育旅游的发展，由于起步晚，在资源开发、媒体的国际化宣传、高水平国际赛事数量和基础设施建设等方面存在不足，对国外体育旅游爱好者的吸引力大打折扣，入境体育游人数增长缓慢。就此而言，国外体育旅游市场对我国体育旅游的发展存在一定的威胁。

（三）旅游与体育管理体制仍需深化改革

旅游管理体制是指国家对整个旅游经济活动和运行进行协调与管理的组织形式、机构设置、职权划分和管理制度的总和，是旅游管理的基础和核心，是旅游经济活动正常开展和旅游经济有效运行的重要保障，也是实现旅游经济发展目标的重要手段。合理的旅游管理体制能够促进旅游业的健康快速发展，带来经济效益和不可估量的社会效益，同时带动交通、餐饮、娱乐业等相关产业的发展。很长一段时间以来，我国都在为优化、完善旅游管理体制而不懈努力，但由于我国旅游业与其经济基础仍处于发展完善阶段，在旅游管理内容、机构设置和运作等方面仍存在与我国旅游业发展相脱节的情况。

我国旅游管理体制几经改革，承载着历史赋予的内涵与职能。国家旅游局在 1997 年明确提出了政府主导型的管理体制，由政府主导旅游业的资源开放与配置等。在政府的主导下，政府能有效地协调各机构或企业来促成协作规划、开拓旅游市场，促进中国旅游业在短时间内获得有效发展。

当前许多地区或旅游项目开发开始引入市场主导型管理体制，市场逐渐成为

---

① 杨海泉：《瑞士引领全球冰雪产业 人均滑雪人次居全球第二》（http://www.ce.cn/xwzx/gnsz/gdxw/202202/09/t20220209_37314336.shtml）。

主导力量，政府在秩序维护、旅游公共产品服务等方面适当干预，以弥补市场运行的不足。政府对旅游业的管理多是间接进行的，一般通过制定发展规划、政策、文件等把控旅游业发展方向，通过完善法律法规来维护其正常运行或规范秩序。市场主导型管理体制能充分发挥市场的主导性作用，灵活使用经济或法律手段进行有效管理，能够积极广泛地吸纳社会资金，从而形成政府、协会、企业的通力合作，以促进旅游业的发展。市场主导型管理体制更多地依赖市场规律和相关监督，政府干预力度越来越少，若相关法律法规不够健全，则容易造成旅游企业间的恶意竞争。部分企业更看重经济效益而忽视社会效益，更看重眼前利益而忽略长远发展利益，不利于旅游业的健康可持续发展。

除了以上两种管理模式外，还存在介于二者之间的结合型管理体制。这些管理体制不是截然对立的，它们在某一发展阶段或不同地域共存，增加了旅游管理的复杂性。

体育管理体制也一直处于不断改革的过程中。中华人民共和国成立之初，为了增强人民体质、提高运动技术水平以及弘扬民族精神，国家采用了政府主导型的管理体制，政府在体育发展过程中几乎行使全部的管理职权，承担着绝大部分的经济义务等，行政手段是主要管理手段。改革开放激发了我国的发展活力，市场经济不断发展，体育竞技事业欣欣向荣，体育的经济功能得以凸显，市场潜力不断得以挖掘利用，政府主导型管理体制在发展体育经济功能方面的一些不利因素逐渐凸显。社会主导型体育管理体制则是指政府不直接干预体育，而更多地通过法律手段、经济手段进行宏观管理和调控的一种体制。这种体制能够充分调动社会各方面的积极性共同参与体育管理，更有利于激发社会资本的活力，进一步强化经济功能的发挥。介于政府主导型和社会主导型体育管理体制之间的，是结合型管理体制。在经济相对发达地区或具有市场化运作可行性的体育项目中，社会主导型管理体制或结合型管理体制的契合度相对更高。

体育旅游作为体育产业与旅游业的交叉融合产业，其在发展过程中必然会受到体育和旅游两个领域管理体制的影响，而当前多种管理体制并存的状况增强了其管理的复杂性，这对体育旅游发展而言也是较大的挑战。体育旅游资源的开发、营销等需要对不同地区、不同资源的管理体制有全面而深入的把握与论证，需要对资源属性、归属等有更清晰的认知。如在对体育竞赛或大众休闲项目进行旅游开发之前，既要权衡项目的社会化程度和当地居民的消费水平，还要考虑当地旅游或体育领域内既存的管理体制。当前，如何更好地发挥、协调好政府和社会的力量，理顺政府与市场的关系，兼顾不同区域、不同体育旅游项目资源，考虑不同空间、领域与要素，寻求更有效的发展途径，以促进我国体育旅游的科学发展，是一项极具挑战性的任务。

近年来，国家和社会各界都非常关注全域旅游发展，特别是2018年国家出台了第一个全域旅游的独立性文件——《国务院办公厅关于促进全域旅游发展的指导意见》，为旅游业提供了重要指导。随着国家政策不断调整和更新，旅游体制性障碍逐渐消除，全域旅游也得到了更广阔的发展空间。此后，各地政府都因地制宜，探索该意见在当地的实施细则，并为全域旅游发展制定多项政策。这些政策的出台为中国体育旅游发展提供了资金、资源和旅游目的地建设等方面的保障，给体育旅游发展带来新的机遇。机遇与挑战总是并存的，我国体育旅游发展也面临着多种挑战。只有努力把握发展机遇，积极应对复杂环境下的挑战，中国体育旅游才能实现健康可持续发展。

第三节　我国体育旅游的全域化发展模式

体育旅游作为新兴旅游形式，既是旅游发展全域化的体现，也是实现全域旅游的有效途径之一。在全域旅游理念的指导下，体育旅游可以更高质量、快速地发展，同时体育旅游的高质量快速发展又促进了全域旅游大格局的形成。因此，当前应着力构建切实可行的体育旅游发展模式，以促进体育旅游的可持续发展和全域旅游的快速发展。总体而言，当下我国体育旅游的发展模式是在全域旅游发展的大背景下提出的，它以国家对于全域化旅游发展的要求为准则，以我国体育旅游发展的现实状况为基础，是一种涵括空间域、时间域、产业域、要素域和管理域的全方位发展模式。同时，体育旅游发展模式的构建需要各利益相关者的参与，应在遵循公平、可持续与共同性原则的基础上，在各利益相关者之间寻求一定的平衡，兼顾不同地区、不同群体和不同企业间的利益。

一、全空间域、全时间域

很长一段时间以来，传统体育旅游产业多依托单一的体育赛事观赏旅游或某一体验式体育旅游项目而存在，这种单点式的产业空间结构之间没有太大的关联，大大地束缚了体育旅游的发展。全域旅游视角下的空间域发展模式要求改变以单一结构旅游产品为主的旅游空间系统，构建起以景区、度假区、旅游购物区、旅游露营地等不同旅游功能区为架构的旅游目的地空间系统，推动旅游目的地的综合建设。在促进体育旅游发展方面，要摒弃单点式的传统体育旅游发展方式，打破传统的行政区域壁垒，通过统筹空间体系指导各地区在系统的空间框架下开展体育旅游活动，形成"点—线—面"结合的综合体育旅游空间系统，让体育旅游的发展更加适应市场需求的变化。

"点"指的就是体育旅游集聚点，是体育旅游的核心吸引物，是消费者聚集和消费相对集中的地点。这里所谓的体育旅游集聚点，并无大小和形态之分，出于布局规划层次不同的考虑，而将某一行政区域内的所有旅游景区、度假区看作一个体育旅游集聚点，或将某一个体育节庆活动、某一体育赛事的举办看作一个体育旅游集聚点。而体育旅游的"点"是整个体育旅游全域化发展的核心承载点。在体育旅游"点"的建设过程当中，首先要有能够承载体育旅游发展的优质资源，并以之为依托设计体育旅游精品项目，形成特色鲜明的体育旅游主题，保持其核心载体的吸引力和竞争力；其次是要围绕体育旅游"点"的建设配备完善的体育旅游各项要素，以便满足消费者的消费需求。

"线"指的是体育旅游线路或体育旅游走廊。在体育旅游的"点"与"点"之间架构起交通纽带，规划出特色鲜明的体育旅游线路，构成以沿途旅游服务和旅游景观为基础的线性体育旅游空间结构。在规划体育旅游线路的过程中，应该选择观赛或休闲价值高、行程紧凑的线路，增加服务节点，体现服务特色，增加消费者的舒适性，提升体育旅游整体服务质量。同时，要有明确的线路主题，在各个服务节点提供消费者可以自由加入和退出的多样性选择，保障消费者的个性化和自主性，保证体育旅游线路的合理性。

"面"指具有完整形态的全域化体育旅游综合体。全域旅游就是要做到全景化、全覆盖，其发展要涵盖方方面面。所以全域化体育旅游发展的完整形态就是将这一区域建设成为一个体育旅游综合体。体育旅游综合体所代表的是体育旅游整体的资源环境，是体育旅游的"点""线"发展建设的支撑载体，是一个完整的、多维度的体育旅游立体化空间。在体育旅游综合体的建设过程中要加强对生态环境的保护和旅游行为规范的宣传，创造出良好的体育旅游生态环境和文明环境，通过多种宣传手段为消费者营造出浓厚的体育旅游氛围，通过完善产业链、配置旅游要素、优化管理机制等方式来为体育旅游综合体的发展提供强有力的支撑。

以山东省为例，可以进一步明晰"点—线—面"结合的体育旅游全空间域思路。一是沿海蓝色体育旅游综合体。包括了整个山东半岛地区，以青岛为核心，以整个海岸线为轴，开发出以海浴、帆船、帆板、海钓等不同项目为主的错层体育旅游集聚点。主题鲜明且各具特色，在此基础上规划多条体育旅游线路，将这一区域打造成一个蓝色体育旅游综合体，让消费者感受到运动与时尚相结合的水上体育旅游的魅力。二是鲁西南革命老区红色体育旅游综合体。革命老区有着优质的红色体育旅游资源，可以在以沂蒙山为核心的革命老区建设红色体育旅游集聚点，还可以根据地形优势开发攀岩、登山、航空运动等体育旅游项目，将这一区域打造成一个以红色运动为主的体育旅游综合体，让消费者在感受红色文化熏陶的同时还能达到强身健体、休闲放松的目的。三是运河沿线体育旅游综合体。京杭大运河山东段流经德州、聊城、济宁等市，这一区域以众多的湖泊为特色，可以开发垂钓、赛龙舟、皮划艇等湿地湖泊类体育旅游产品，规划出多条体育旅游路线，打造出一个以水资源为主的旅游综合体。四是鲁中山地体育旅游综合体。此区域处于山东省中部地区，形成了以济南为核心向四周辐射的鲁中山地丘陵群，包括泰山、千佛山、原山、鲁山等众多名山和优质水体资源。可以开发登山、徒步、越野等赛事或休闲体育旅游集聚点，依靠便捷的交通来规划体育旅游线路，形成一个以省会济南为核心向四周辐射的山体类体育旅游综合体。五是黄河沿线体育旅游综合体。指以流经山东的黄河沿线为主的区域，贯穿东营、滨州、德州、聊城等多个城市，体育旅游开发相较其他区域来说比较落后，体育旅游资源尚未得到有效开发。这一区域有着丰富的人文体育旅游资源和养生资源，依托这些资源可以开发马拉松、骑行、休闲观光、体育养生等项目，打造体育旅游集聚点，规划体育旅游线路，从而形成区域化的体育旅游综合体。六是贯穿东西的体育非物质文化旅游综合体。山东省从东到西集聚了莱阳的螳螂拳、潍坊风筝民俗、淄博蹴鞠文化、曲阜礼射文化和梁山武术等体育非物质文化遗产资源。这一线路有着丰富的体育人文旅游资源，依托这些资源进行深度旅游开发，可打造体育非物质文化旅游集聚带，有利于体育研学旅行线路的开发。

同时，季节性一直是体育旅游发展中需要面对的时间域问题。体育旅游产品或体育旅游目的地具有某时间段的适宜性，或者旅游产品的吸引力随着季节或气候的改变而出现周期性的变化，从而导致体育旅游目的地具有明显的淡旺季之分，如中北部的滑雪和沿海地区的水上项目等。时间域的"全"要求在一年四季都要有满足消费者需求的体育旅游产品和服务。通过四季全时体育旅游产品的有效布局和打造，能够大大缓解或改变季节性问题，促进全时域的发展。

二、全产业域

要实现旅游产业全域化发展，必须将单一旅游形态的产业结构转变为复合型旅游产业结构。在这一转变过程当中，首先要加强旅游产业自身的发展，其次要在以旅游产业为优势产业的基础上加强旅游产业与相关产业之间的交叉和渗透，培育区域化的旅游产业园区，构建旅游产业新体系，进而推动向复合型旅游产业转变。实现体育旅游产业域的"全"可以从两个方面着手：一是推动体育旅游产业横向扩展，推动产业融合，培育新兴产业；二是推动体育旅游产业纵向延伸，夯实产业基础，延长体育旅游产业链，促进纵向融合。

（一）横向扩展、产业融合

随着旅游消费者需求的变化、竞争的加剧和技术进步等，体育旅游产业与其他产业间的边界日渐模糊，技术、业务、运作和市场等方面的边界相互渗透，为产业融合创造了良好基础。体育旅游产业横向拓展的核心要求就是推动产业融合，尤其是与文化产业、健康产业以及娱乐产业融合。

1. 构建产业集群

利用产业集群促进体育旅游产业与其他产业的融合。遵循体育旅游发展的区域化特点和集聚特点，建设体育旅游产业园区。根据体育旅游集聚点的分布情况，可以建设水上运动产业园区、登山运动产业园区、高尔夫运动产业园区、体育文化旅游产业园区等。在建设体育旅游产业园区的基础上形成区域化的产业集群，以产业集群作为产业融合的载体，实现相关产业之间的融合。

2. 资源整合

在体育旅游产业和相关产业融合途径方面，可以通过资源整合的方式实现产业之间的双向交叉和渗透；可以通过变革生产方式和引进新技术的手段促使产业边界模糊化，实现产业之间的重组和聚变；可以通过弥补产业之间的短板，从而构建起以渗透型、重组型、互补型、互动型等方式为主的产业融合途径。如体育研学旅行就是体育旅游产业与文化产业互动融合的结果。《国务院关于促进旅游业改革发展的若干意见》和《国务院办公厅关于进一步促进旅游投资和消费的若干意见》都提出支持研学旅行的发展，全国各地相继出台中小学生研学旅行意见，研学旅行工作将全面开展。体育研学旅行的开展既是产业互动融合的体现，又进一步促进了体育旅游与教育实践的发展。《交通运输部办公厅关于做好交通运输促进消费扩容提质有关工作的通知》也强调推进交通运输与体育旅游产业的融合，鼓励创建以交通资源为特色的自主品牌体育赛事活动。由此可见，以体育旅游产业为主体，推行与其他产业的融合，增强产业间的密切合作与相互影响，有利于开发体育旅游新产品和开创体育旅游新业态。

（二）纵向延伸，产业链条延长

推动体育旅游产业的纵向延伸最重要的就是要夯实产业基础，延伸产业链条。

首先，要实现体育装备制造、体育技能指导、体育旅游服务培训等体育旅游边缘产业与体育旅游主要产业的紧密对接。然后在体育旅游空间域分布的基础上，构建新的产业链，形成各具特色的体育旅游产业链，如海洋体育旅游产业链、滑雪旅游产业链等。通过这些产业链的构建，为区域内体育旅游的良好发展提供基础保障，创造更好的条件。

其次，要增强整个体育旅游产业链条上企业的创造力和竞争力，发挥已经形成一定规模的体育旅游企业的带动效应，鼓励企业通过合作共赢的方式来实现优势企业对弱势企业的带动，进而夯实体育旅游产业链的基础，促进体育旅游产业的价值提升，推动体育旅游产业的纵向延伸。

最后，要重视产业链条中的每一个环节，从市场开发、资金运作、产品设计到市场销售与服务等，都应予以保障。积极引导体育旅游产业链中的创意产业、电子商务、金融等实现多方融合，以部门协同治理为基础，构建智能化公共服务体系，打通体育旅游产业纵向延伸的通道，拓宽融资群体，探索融资模式，构建全产业链融合、延伸体系。

三、全要素域

发展全域旅游就是要改变传统旅游以旅游资源为核心的单一要素的旅游开发模式，转向以构建旅游整体环境为核心的、以促进区域发展和区域功能完善为主的旅游全要素体系开发模式。构建完备体育旅游要素域的发展模式就要为消费者创造良好的旅游整体环境，具体可以从吃、住、行、游、娱、购这六大要素着手。目前吃、住、行、游、娱、购这六大方面的发展已经有了一定的基础，但仍需完善。为了促进体育旅游区域发展和区域功能完善，必须丰富和发展体育旅游要素体系，实现全域化的要素整合。

（一）吃

完善体育旅游餐饮文化体系。消费者在参与体育旅游的同时，也想体验体育旅游目的地的文化和风土人情，其中饮食文化是最直接和最方便体验的。在进行体育旅游全域化建设时，可以根据各个区域的特色进行针对性的设计，开发出生态、安全、便捷、有特色的美食产品，根据体育旅游集聚点和体育旅游路线的规划配置相应的餐饮店，以达到完善餐饮体系的目的。

（二）住

加强体育旅游住宿接待能力。住宿体验是整个体育旅游体验过程中非常重要的一环，好的住宿体验可以提高消费者的满意度和重游意愿，因此，提高体育旅游整体区域的住宿接待能力是非常必要的。应该合理规划体育旅游目的地的主题酒店与民宿，提高服务质量和服务规范，为消费者提供舒适的住宿条件，打造与体育旅游全域化发展配套的住宿服务接待区。

（三）行

优化体育旅游线路细节。要在尊重和了解消费者旅游消费意愿基础上，进一步优化体育旅游线路细节，努力为消费者节省沿途时间，使其可以更好地投入体育旅游。可以在区域内规划多条到达体育旅游集聚点的旅游专线，与区域内的基础交通设施相互补充，避免局部交通拥堵；可以在体育旅游规划的线路上增加乘车点和换乘点，方便消费者及时到达想要去的体育旅游目的地；可以在体育旅游覆盖的区域内设置即时交通信息提醒设备，公布交通线路的运行状况，方便消费者及时选择或更换交通线路等。

（四）游

合理规划旅游线路，科学串联沿线体育旅游产品，形成长短、远近、内外结合的体育旅游线路体系，全盘激活体育旅游活力。在合理开发体育旅游资源、设计优质体育旅游产品的基础上做好统筹、因地制宜，串联城乡、户内外体育旅游景点，立足全局，互联互通，形成科学合理的网络化产品布局，释放体育旅游产业融合发展、联动发展的巨大潜力。

（五）娱

丰富体育旅游休闲娱乐形式。经营者在推出主要体育旅游产品之时，也应附带推出有一定差异性的体育旅游项目，使消费者在体育旅游过程中感受到别样的休闲娱乐体验，营造体育旅游的休闲娱乐氛围，提高消费者满意程度，进而促进重复性旅游消费。

除了以上要素外，要素域的"全"还包括资源、资金、土地、人才、信息等要素。

（六）购

构建体育旅游特色购物体系。体育旅游经济效益应打破以往单纯依靠销售体育旅游产品为支撑的局面，在区域内构建起以体育旅游为核心的特色购物体系，共同带动消费者消费，促进体育旅游效益的增加。一方面，在研发体育旅游核心产品的同时，可以结合地方特色或体育旅游核心产品设计衍生产品，以完善体育旅游的购物要素体系；另一方面，要在体育旅游区域内配备旅游购物中心和旅游购物街，发展全方位、全网络、全时空的购物格局，尽量满足消费者在体育旅游过程中的消费需求，努力为消费者营造良好的购物消费环境。

四、全管理域

旅游管理体制是影响全域旅游发展的根本性问题，也是全域旅游有序推进的重要保障和关键支撑。迈入全域旅游时代，旅游的主客体发生了明显变化，传统的管理体制已经不能适应当前旅游产业的发展，这就必然要求管理模式的革新，要从过去单一的管理体制过渡到综合管理体制，适应综合产业、综合需求。全域旅游战略的实施就是要实现我国从"小旅游"时代向"大旅游"时代的跨越，在向"大旅游"时代的跨越中，旅游业的发展不能再继续沿用传统的旅游管理模式，必须转变传统旅游管理思维，利用好全域旅游的发展理念，创新管理模式，建立起有效的部门联动机制，调动起多方参与的积极性，推动旅游管理模式的转变。而在体育旅游的发展方面，体育旅游本身就是融合型产业，涉及多个行业，管理起来更为复杂，这就更需要突破传统管理模式，创新管理机制，提高管理效能，构建现代化的体育旅游管理与发展模式，推动体育旅游全域化发展。体育旅游管理模式的发展将主要从两个方面考量：一是优化管理结构，创建良好的综合管理格局；二是完善各项政策制度，加强执法队伍建设。

优化多方参与的管理结构，创建良好的体育旅游管理格局。首先，政府应该在遵循全域旅游的管理理念的基础上，建立健全旅游综合协调联动机制，科学制定全域旅游发展规划，制定全域旅游政策，发挥调控职能，建立专门的体育旅游发展委员会，负责体育旅游在全域化发展过程中的协调和管理工作，多部门共同参与处理、解决各种突发事件。其次，充分发挥市场作用，鼓励社会各界力量积极参与，特别是体育旅游企业、消费者和社区居民这三个群体，他们是促进体育旅游发展的重要力量。体育旅游企业对体育旅游的发展有着极强的敏感性和前瞻性，同时也为体育旅游的开发提供资金支持；消费者是体育旅游的直接利益相关者，也是体育旅游的直接体验者；旅游目的地的建设与发展离不开当地社区机构和居民的大力支持。构建政府、社会合作基础上的多部门协作的联动机制是确保体育旅游健康快速发展的关键。

完善政策制度，建立健全相关法律法规，加强执法队伍建设。首先，完善政策制度，建立健全相关法律法规，规范全域旅游市场秩序。政策是宏观调控的重要手段，包含财政、土地、人才等各方面。积极制定和完善相关政策，制定相应的法规、制度和章程等，加强行业发展标准的制定和实施，做到有据可循、有法可依，确保体育旅游利益相关者的权益得到保障，并对不合理的行为作出惩罚或制裁，包括体育旅游消费者的不当行为。同时也应重视体育旅游产业的特殊性。一些政策与法律条例，如《中华人民共和国旅游法》《中华人民共和国自然保护区条例》，不能完全涵盖体育旅游产业的特殊性，需要有针对性地完善相关政策与规章制度，才能更好地保障体育旅游产业的健康发展。其次，在健全法律规章制度的同时，还要确立体育旅游发展的问责机制。根据体育旅游全域化规划发展的布局，建设起一支体育旅游综合执法队伍，加强体育旅游各项法律法规的执行力度，做到违法必究、执法必严。完善各项规章制度，加强执法队伍建设，有助于优化体育旅游产业发展的外部环境，为其健康发展打下坚实基础。

第四节　全域旅游视角下我国体育旅游的发展路径

发展体育旅游产业有助于旅游产业结构升级，发挥旅游业对社会经济发展的引领作用，促进经济体系现代化，有助于进一步落实体育强国战略，实现健康中国目标。全域旅游是旅游业发展的新形态、新模式，从全域旅游视角出发，立足于体育旅游发展实际情况，可以从如下发展路径加快我国体育旅游产业发展。

一、政府加强宏观调控

政府加强宏观调控是保障体育旅游发展的基本措施。从科学规划与协调各方利益，到强化、优化政府监督，再到加快体育旅游公共服务体系建设，政府应充分发挥宏观调控职能，协调好不同区域、不同部门和不同群体的相关利益，制定各项发展规划，及时颁布相关政策，确保体育旅游规划工作的顺利实施。在规划和统筹的基础上，健全和改进体育旅游公共服务体系，进一步推进相关基础设施建设，加强自驾游营地等体育旅游用地建设，以及生态环境保护等方面的规划与调控工作，建立和健全相应的规划评估机制和实施监督机制，从而为顶层设计的有效落实提供保障。

二、加速培育和壮大体育旅游企业

在加强政府宏观调控的同时，还应加速培育和壮大体育旅游企业，引导社会力量助力体育旅游发展。资源的市场化配置情况、企业的资本运作情况、企业规模和运营的专业化程度等，直接影响体育旅游产业的发展水平。只有建设一流的、创新型的体育旅游企业或集团，才能更好地促进体育旅游资源的市场化运作，提供更丰富、优质的体育旅游产品。加大政策和资金支持，加快培育出一批竞争力极强的体育旅游龙头企业，以合资、合作、参股、租赁等形式鼓励体育旅游企业投资建设旅游休闲设施、开发特色体育旅游产品，形成政府引导、市场主导、共同管理运营的模式，激发社会资金活力和体育旅游企业动力，提高体育旅游服务水平，提升我国体育旅游产业的整体实力和国际影响力。

为壮大体育旅游企业，具体可以采取以下措施。首先，政府可以通过财政补贴、税收减免等方式，鼓励和支持特色企业发展壮大。其次，积极培育出一批骨干企业，完善知识产权保护体系，推动拥有自主知识产权和具有品牌影响力的企业的发展，促进其兼并重组、连锁式经营，助力其扩大规模，发展为实力雄厚的大集团。再次，扶持体育旅游组织和团体。坚持监督规范，促进乒乓球俱乐部、游泳俱乐部、高尔夫俱乐部等体育俱乐部的健康发展。最后，加强体育旅游行业协会建设，搭建政府与企业沟通渠道。

三、创造良好的体育旅游环境

环境是发展全域旅游的关键要素。为了推动体育旅游的全域化发展，必须构建良好的、全域性的体育旅游环境。根据《关于促进全域旅游发展的指导意见》，全社会都要积极参与旅游环境的共建共享和共治共管，为全域体育旅游创造良好的资源环境、空间环境、安全环境和社会环境，尤其要加强生态环境的保护和修复工作，以及体育文化创建工作。如今，旅游主体不断扩大，旅游目的地建设不断推进，旅游业已经进入了大众化和全域化阶段，而随着群众生活的改善和对美好生活的追求，旅游消费需求和形式不断升级，传统的观光游已经无法满足旅游者需求，他们期待更深度的旅游体验。旅游者的旅游活动空间不再是景区、酒店、餐馆等旅游服务场所，而是整个旅游目的地的空间，因此，旅游目的地的环境直接影响着旅游者的消费体验。在体育旅游系统中，旅游者能够深刻体验、直接感知、广泛接触的就是旅游环境，它在很大程度上决定着体育旅游目的地的吸引力水平。所以，要发展全域体育旅游必须创造良好的体育旅游环境。

改善旅游环境是体育旅游全域化发展的基础和必然要求，是其可持续发展的基本前提和保障。加强体育旅游环境建设应当与《关于促进全域旅游发展的指导意见》要求相契合。

（一）加强体育旅游资源保护

在体育旅游开发的过程中要做到以保护资源为先，倡导绿色开发，改变以资源依赖为主的传统体育旅游开发模式，推进以环境保护为主的新型体育旅游开发模式创新，保护自然生态体育旅游资源、非物质体育文化旅游资源的本真性和完整性，保护资源环境不被进一步破坏，创造良好的体育旅游环境，为体育旅游消费者提供更真实与别具特色的旅游体验。

（二）创造良好社会环境

通过线下和线上渠道，加强旅游宣传，激发和增强当地居民的东道主意识，使之自觉维护当地友善、热情、好客的体育旅游目的地形象，主动营造良好的旅游人文环境，并引导消费者文明旅游，增强消费者的环境保护意识，引导当地居民和体育旅游者自觉践行全域旅游发展理念。

（三）加强生态环境整治

要推进生态环境整治工作，加大力度治理环境污染，修复生态系统。从体育旅游的景点到线路，再到整个体育旅游区域，逐步实现对生态环境的净化、绿化和美化，合理处理旅游活动中产生的垃圾，减小其对生态环境的破坏，维护好体育旅游目的地环境的美观性和生态性；要强化体育旅游者的环境保护意识，在体育旅游区域内张贴环境保护标识，增强体育旅游目的地居民对环境保护的参与度和重视度。

（四）加强体育旅游安全保障

相较其他旅游形式，体育旅游项目的环境安全风险系数相对较高，当地政府和体育旅游企业应当强化风险意识，控制旅游活动中的风险因素，排除安全隐患，建立和完善旅游安全制度，强化责任认定和追究以及安全监管机制，尤其要制定完善的安全应急预案，不断提升体育旅游的安全性，尽可能避免安全事故。

良好体育旅游环境的创建是全民参与、主客互动的共建共享过程，各地应积极鼓励与号召社会全体成员参与其中，凝聚社会力量，从而营造良好的体育旅游全域环境，使当地居民、体育旅游企业、体育旅游者等共享良好环境，为体育旅游产业的高质与高效发展奠定坚实的基础。

四、构建全域化体育旅游服务体系

（一）完善全域化体育旅游基础设施体系

1. 完善综合交通网络体系

要强化地区基础交通体系对于体育旅游发展的支撑，完善体育旅游目的地交通设施的配置。进一步优化交通规划和建设，尤其要把重要景区和旅游线路等连接起来，合理设置交通引导标志，提高公共交通资源配置与体育旅游区域内的客源流量匹配度，完善体育旅游集聚点的可进入度，目的地交通线路要兼顾自驾游和公共交通，使交通网络化以适应消费者的需求。在规划公交线路时，应从全域旅游视角出发，将旅游景点纳入其中，开通旅游专线。

2. 构建体育旅游咨询服务体系

在体育旅游集聚点建设消费者旅游服务中心，及时解决消费者在体育旅游中遇到的问题。在体育旅游线路、交通枢纽以及体育旅游区域的购物街、大型酒店、综合商场内设置服务点，为体育旅游者提供各种信息，提供预订、医疗等服务。

3. 加强通信网络建设

根据旅游目的地的规模大小，建立与之匹配的通信设施，实现信号覆盖，构建发达的全域化通信体系。在体育旅游集聚点、体育旅游线路和消费者密集的地方实现无线网络覆盖，保证绝大部分地区都能实现无线上网，特别是要在一些山区体育旅游目的地推动无线网络覆盖，促进对通信设施的投入和完善。

另外，积极发展餐饮业，增加景区住宿酒店数量，加强购物街建设等也是构建体育旅游基础设施体系的重要内容。

（二）全面提高体育旅游服务质量

1. 构建全域化体育旅游服务框架

结合全域体育旅游发展情况，制定统一的服务标准和细则并细化，改进服务礼仪和流程，鼓励相关企业对员工开展服务培训，全面提升服务人员的服务能力水平，树立规范、贴心、专业的全域化体育旅游服务形象。

2. 构建完善的志愿者服务体系

在体育旅游集聚点和咨询站点安排志愿者进行服务，制定相应的管理规定，组织志愿者开展公益服务，针对消费者开展宣传引导、咨询讲解、应急处理等工作，努力打造志愿服务品牌。

3. 充分发挥高科技的作用

借助互联网、云计算等技术，促进服务手段现代化。建立有关消费者的大数据库，将消费者在体育旅游过程中的行为习惯和消费习惯数据化，以便为消费者提供更直接、更贴心、更高效的服务。运用人工智能、大数据等高新技术手段，在体育旅游过程中提供智能导游、电子讲解等服务，构建全域化的体育旅游智能服务系统。

五、健全和优化体育旅游产品体系

（一）构建全时空域的体育旅游产品体系

针对体育旅游资源开发区域性失衡、开发水平低和重复开发问题，体育旅游项目单一造成消费者平均停留时间短，以及旅游目的地淡旺季"冰火两重天"等问题，要抓住本区域旅游资源特点，做好时空统筹，打造全时空体育旅游产品体系。

1. 优化空间结构

从区域视域出发进行统一规划，在对体育旅游资源、交通线路等进行充分论证的基础上，打造相互衔接、互为补充的体育旅游系列产品。在体育旅游空间区域除了打造核心产品外，应尽量避免在邻近区域开发重复或相似的体育旅游产品，而应围绕主题错层开发相关或延伸产品，最终形成网状的多样化旅游产品，以增强本地区体育旅游产品的吸引力和竞争力，满足消费者的多种体育旅游体验需求。

2. 优化时间结构

充分利用已有体育旅游资源做热旺季、突破淡季，着力在完善全天候旅游产品体系方面下功夫，开发与春、夏、秋、冬四个季节对应的体育旅游产品，增加整体效益。如当前众多滑雪场除了发展冬季滑雪旅游产品外，也在春季、夏季和秋季引入适宜的体育旅游项目，打造房车营地、滑沙滑草、徒步登山、真人CS（军事模拟类户外竞技运动）、水乐园越野车等娱乐项目。拓展全时间域体育旅游产品体系，既促进了体育旅游目的地的建设，提升了经济效益，又有助于满足体育旅游消费者不断提升的要求和多样化消费需求。

（二）优化产品结构，落实品牌战略

1. 合理布局，提升体育旅游产品质量

为了适应市场环境的变化，满足消费者对体育旅游产品提出的高要求，不能再单一地追求体育旅游产品数量的增多，而更应着力优化与提升体育旅游产品的结构与质量。根据体育旅游全域化发展的布局和资源特色，完善以赛事、休闲体育、节庆体育、民俗体育、红色体育等为主的体育旅游产品体系，在区域内合理规划核心产品和配套产品，构建主次分明的全域化体育旅游产品结构，并在此基础上丰富内涵、提升品质，提高体育旅游产品质量，增强产品的生命力和竞争力。

2. 增强品牌意识，打造优势品牌

牢固树立品牌意识，打造体育旅游产品品牌，加快体育旅游目的地品牌化建设。对已有的体育旅游精品景区、线路、赛事和目的地等，要持续优化，做强做大品牌，深度挖掘体育旅游资源特色，突出地域化与差异化，丰富其文化内涵，积极创建世界级、国家级体育旅游产品与景区，凸显品牌差异，实现由产品经营向品牌经营转变。

六、加强系统营销

营销是产业发展的重要一环,为了促进体育旅游产业发展,提升经济效益,拓展市场规模,应当制定合理的营销策略作为保障。

(一)加强营销规划,构建多元营销格局

制定合理的体育旅游营销规划,将其作为全域体育旅游规划体系的一部分,树立现代营销观念,制定合理的营销战略,推动政府、企业、媒体的共同参与,形成上下联动、多方参与的全域化体育旅游营销格局。

(二)创新营销方式,构建立体营销体系

要创新营销方式,丰富体育旅游的营销手段,在推进体育产品开发与体育旅游营销环节衔接的基础上,根据不同的区域特点和产品类型实施不同的营销策略,如节庆营销、赛事营销、体验营销等;也可以根据体育旅游消费人群特征的不同实施相应的营销策略,如网络营销、公众营销等,实现传统营销和在线营销、常规营销和事件营销等的有效结合,并借助大数据分析消费者消费行为,细化目标群体,开展精准化营销,构建一个丰富立体的全域化体育旅游营销体系。

(三)利用新媒体渠道,实现营销全覆盖

充分利用新媒体扩大营销宣传覆盖面,加快网络营销体系建设,完善营销机制。新一代年轻消费群体对传统宣传媒介的关注度极大降低。对体育旅游而言,传统宣传方式的覆盖范围较小,宣传效果不佳。当前要拓展体育旅游宣传渠道,必须利用好新媒体技术,将新媒体与传统媒体结合起来,扩大宣传范围,覆盖更多的体育旅游爱好者群体,以达到更好的效果。传统媒体方面,可以通过报纸、电视、宣讲会等方式进行宣传,也可以在车站、机场、商场、公交站点等人流密集的地方投放宣传广告,营造良好的体育旅游氛围;新媒体方面,通过微信、微博、微电影、客户端等,进行全方位、多渠道、高密度宣传,实现体育旅游全域化的宣传效果。

七、优化体育旅游专业人才培养体系

我国体育旅游市场主体不断壮大,对相关人才,尤其是体育旅游专业人才的需求不断增加。不同于一般的旅游服务人员,体育旅游专业人才指的是体育旅游

活动组织、营销和各类项目的运动指导人才。只有在充足的优质体育旅游专业人才的支持下，体育旅游产业才能顺利发展。然而当前整个旅游业都面临人才短缺问题，体育旅游业更是如此。为了推动体育旅游全域发展，应当优化体育旅游专业人才培养体系。

（一）改革高校体育旅游专业人才培养机制

全域旅游时代，旅游产业发展与社会经济、文化发展融合更为密切。由于体育旅游专业人才的特殊性，在体育旅游专业人才的培养方面，高校要注重知识与实践的结合，建立政府主导下的校内外多方合作机制，形成良性互动，以有效解决体育旅游专业人才培养中存在的问题。校企合作有助于打造双师型体育旅游专业教师队伍，既能够将企业专家、高管引入高校担任教师，还可以鼓励高校教师到体育旅游企业中学习考察，提升教师团队教学实践水平。优化的教师团队既能按照当前全域旅游发展对体育旅游专业人才在精神理念、知识素养、体育专业技能、旅游管理与服务能力等方面提出的要求，在授课过程中有针对性地传授知识，还可以带领学生了解体育旅游市场的最新信息，帮助学生跟上行业发展脚步，从而提升学生的理论知识水平和实践能力。此外，还要借助校企合作，整合体育旅游教学所需的实践基地、设备等，完善教学的硬件条件，为学生创造更多的实践机会，提高实践教学水平，从而培养出满足体育旅游产业发展需求的复合型专业人才。

（二）构建专业人才职后培训体系和合理流动机制

鼓励各级有关部门以及各体育旅游企业加强工作人员的职业技能培训，提高工作人员在策划、组织、管理等方面的专业能力。鼓励体育旅游企业就员工培训的方法和经验进行交流，积极合作开展员工培训工作，将体育旅游专业人才的持续培训作为促进旅游企业和地方旅游长远发展的策略。根据体育旅游专业人才的实际情况，企业应提供多样化的培训机会，不断提升从业人员的专业水平，从而满足体育旅游产业对专业人才的需求。另外，体育旅游专业人才的合理流动机制也必不可少。在市场经济体制下，人才流动是绝对的，但大规模的、过度频繁的人才流动不利于企业和产业的发展。因此在尊重人才市场流动规律的基础上，应建立完善的体育旅游专业人才流动机制，加快建立规范化的体育旅游人才市场，推动人才市场信息化建设，建立专业人才流失预警机制，促进不同地区或不同体育旅游企业专业人才的合理流动和人才的合理配置。

构建体育旅游全域化发展模式需要各利益相关者的参与，应在遵循公平、可持续与共同性原则的基础上兼顾不同地区、不同群体或不同企业间的利益。构建体育旅游发展模式要以建构体育旅游空间域和时间域为前提，在此基础上来完善产业域、要素域和管理域的建构，以此来开创体育旅游发展的新局面。体育旅游的发展需要多元动力为支撑，该动力机制是一个多维、互动的复杂系统，主要由政府的引导力、供给侧结构性改革推动力、科技创新驱动力、产业融合与社区参与的助力等构成。体育旅游的全域化发展路径主要包括七个方面：政府加强宏观调控、加速培育和壮大体育旅游企业、营造良好的体育旅游环境、构建全域化体育旅游服务体系、健全和优化体育旅游产品体系、加强系统营销和优化体育旅游专业人才培养体系。

参考文献

[1] 石芳芳:《体育旅游:市场分析与培育之道》,东北财经大学出版社 2023 年版。

[2] 吴畏:《休闲体育产业发展与体育旅游产业构建研究》,吉林出版集团股份有限公司 2022 年版。

[3] 卞显红:《杭州市钱塘区文化、旅游和体育产业发展规划理论与实践》,浙江工商大学出版社 2023 年版。

[4] 谢卫、舒建平、刘雨编著:《体育旅游理论与实务》,四川大学出版社 2023 年版。

[5] 贺波、王梦轶、闫增印:《"一带一路"倡议下体育旅游资源的整合与发展研究》,北京工业大学出版社 2023 年版。

[6] 马慧强:《体育旅游理论与实践》,中国财政经济出版社 2022 年版。

[7] 王萍、朱志强:《体育旅游可持续发展研究》,北京体育大学出版社 2022 年版。

[8] 张大春、张微、滕延峰主编:《冰雪体育旅游产业:东北地区协同发展的机制与创新》,社会科学文献出版社 2021 年版。

[9] 张健、蒋依依主编:《中国体育旅游发展报告(2020—2021)》,社会科学文献出版社 2021 年版。

[10] 文瑜:《中国体育旅游经济及案例研究》,经济科学出版社 2021 年版。

[11] 黄东教:《"滨海休闲体育旅游带"的构建及发展路径研究》,云南科技出版社 2021 年版。

[12] 董二为:《体育旅游发展路径初探:基础与案例》,科学出版社 2021 年版。

[13] 陈美红、王秦英、梁四海等:《我国体育旅游产业发展之路研究》,中国书籍出版社 2019 年版。

[14] 石晓峰:《健康中国战略下山西省体育旅游发展研究》,人民体育出版社 2019 年版。

[15] 曾博伟、张晓宇主编:《体育旅游发展新论》,中国旅游出版社 2018 年版。

[16] 吴珏、曾兵:《体育赛事与地方旅游——海南"环岛赛"实践视角》,中国书籍出版社 2018 年版。

[17] 段红艳编著:《体育旅游项目策划与管理》,华中师范大学出版社 2017 年版。

[18] 黄海燕、张林主编:《体育旅游》,高等教育出版社 2016 年版。

[19] 潘月顺、穆瑞杰:《体育旅游资源分类、评价与开发研究》,北京体育大学出版社 2014 年版。

[20] 余典松、杨鹏:《体育旅游体验研究：回溯与展望》,《旅游研究》2024 年第 2 期。

[21] 叶小瑜、李海:《国家体育旅游示范基地建设的理论探索与实践进路》,《上海体育大学学报》2024 年第 3 期。

[22] 王波:《体育旅游消费的行为特征与影响因素分析——以某景区为案例》,《文体用品与科技》2024 年第 5 期。

[23] 陈宇、岳游松:《中国体育旅游景区效率时空格局与影响因素》,《干旱区资源与环境》2024 年第 3 期。

[24] 王玉珍、李香椰:《我国不同区域体育旅游精品项目的对比分析》,《四川体育科学》2024 年第 1 期。

[25] 陈文浩:《体育赛事与体育旅游对地方经济的影响研究》,《中国市场》2023 年第 36 期。

[26] 宋宇虹、王飞:《中国体育旅游研究三十年：回顾与反思》,《广州体育学院学报》2023 年第 4 期。

[27] 林章林:《我国体育旅游的发展历程、现实困境与对策建议》,《体育科研》2023 年第 6 期。

[28] 栗婉瑶、贾朋社、李江涛等:《我国民俗体育旅游发展的机制与路径研究》,《当代体育科技》2023 年第 31 期。

[29] 王巧靖:《政策工具视角下我国体育旅游政策文本分析》,《体育科技文献通报》2023 年第 9 期。

[30] 白志坚、艾安丽:《基于可视化分析我国体育旅游研究热点与发展趋势》,《韶关学院学报》2023 年第 9 期。

[31] 金豆、饶芳、熊强强:《我国体育旅游安全保障的价值、困境及路径研究》,《辽宁体育科技》2023 年第 4 期。

[32] 朱永兴、李婉婷、李自燕等:《我国沙漠体育旅游研究综述》,《文体用品与科技》2023 年第 11 期。

[33] 张连洲：《我国体育旅游发展现状及对策研究》，《商丘师范学院学报》2023年第6期。

[34] 杜菊、宗克强、郑超：《中国体育旅游的研究特征与未来趋势》，《四川旅游学院学报》2022年第6期。

[35] 董亚琦、任波、钟建伟等：《北京冬奥会背景下我国体育旅游发展路径探析》，《体育文化导刊》2022年第5期。

[36] 张诚、孙辉：《体育旅游可持续发展的内涵与实现路径》，《湖北经济学院学报（人文社会科学版）》2022年第5期。

[37] 赵承磊：《体育旅游发展的北美实践及启示》，《西安体育学院学报》2022年第2期。

[38] 高元龙：《体育旅游产业研究综述》，《文体用品与科技》2022年第2期。

[39] 王璐、皮常玲、郑向敏：《体育旅游的逻辑起点、术语体系与学科的"家族相似性"》，《旅游导刊》2021年第5期。

[40] 王菲、刘旭玲、邓兰等：《产业融合视角下国内体育旅游研究综述》，《武汉商学院学报》2021年第4期。

[41] 陈春平、翟丰：《新发展格局下体育旅游高质量发展的机遇与措施》，《体育文化导刊》2021年第6期。

[42] 马勇：《体育旅游在新环境下发展现状与发展走向及发展策略研究》，《当代体育科技》2021年第13期。

[43] 郑向敏：《体育旅游：理论、方法与研究框架》，《社会科学家》2020年第7期。

[44] 白晓宇：《体育旅游在我国的发展策略探析》，《文体用品与科技》2020年第5期。

[45] 冀兆鹏：《"互联网+"环境下的体育旅游发展路径优化》，《文体用品与科技》2019年第8期。

[46] 赵梓伊、张炜：《四川体育旅游产业发展制约因素与战略途径》，《开发研究》2018年第4期。

[47] 陈争、方春妮：《产业扶贫的可持续发展探究——以体育旅游产业为例》，《湖北体育科技》2018年第8期。

[48] 张大力、张璇、薛颂东：《经济转型背景下山西体育旅游产业发展战略研究》，《体育研究与教育》2018年第4期。

[49] 丁曙、张同宽：《海洋体育旅游保健措施与产品开发研究》，《体育科技文献通报》2018年第8期。

[50] 吴雅男:《体验经济时代体育旅游产品开发创新初探分析》,《知识经济》2018年第15期。

[51] 孙忠利:《中国体育旅游现状、矛盾与治理研究》,《广州体育学院学报》2018年第4期。

[52] 陈宝珠、金淑丽:《全域旅游背景下杭州体育旅游资源的开发研究》,《旅游论坛》2018年第4期。

[53] 陈诚:《国内外体育旅游发展现状及启示》,《体育世界（学术版）》2018年第6期。

[54] 李祝青:《体育旅游对国民经济和社会发展的价值探究》,《体育世界（学术版）》2018年第6期。

[55] 李竹丽:《区域体育旅游协同发展：内容、条件、路径》,《闽南师范大学学报（自然科学版）》2018年第2期。

[56] 朱万春:《体育旅游对区域经济发展重要性分析》,《武汉商学院学报》2018年第3期。

[57] 杜大勇、贾丙森、田昊:《三维视角下体育旅游的发展路径分析》,《当代体育科技》2018年第16期。

[58] 邓莉、张铁雄、肖丽:《体育旅游产业"供给侧改革"的发展路径研究——基于"一带一路"视角》,《当代体育科技》2018年第16期。

[59] 潘建:《全域旅游视角下厦门市滨海体育旅游发展研究》,广西大学2023年硕士学位论文。

[60] 张真静:《基于SWOT-AHP的甘孜州体育旅游发展策略分析》,湖北师范大学2023年硕士学位论文。

[61] 乔君卿:《全域旅游视域下宜昌体育旅游发展提质增效研究》,三峡大学2024年硕士学位论文。

[62] 王聪:《区域合作视角下长三角地区体育旅游资源协同开发水平的评价及对策研究》,上海体育学院2024年硕士学位论文。

[63] 赵婷婷:《基于RMP分析的延安市区体育旅游产品开发策略研究》,西安石油大学2024年硕士学位论文。

[64] 朱红彩:《体育赛事助推张家界体育旅游的价值与发展对策研究》,云南大学2022年硕士学位论文。

[65] 刘奔越:《广东省体育旅游资源空间结构及其优化策略研究》,广州体育学院2024年硕士学位论文。

[66] 牛冠迪:《产业集聚视域下黑龙江省冰雪体育旅游产业发展对策研究》,哈尔滨体育学院 2022 年硕士学位论文。

[67] 刘瑞超:《长三角一体化背景下安徽省体育旅游发展动力与路径研究》,上海体育学院 2023 年硕士学位论文。

[68] 柳宗辉:《体育旅游产品开发模式构建与应用研究》,上海体育学院 2023 年硕士学位论文。

[69] 杨玉霜:《国外体育旅游研究现状、热点、趋势及启示》,曲阜师范大学 2023 年硕士学位论文。

[70] 易敏学:《全域旅游视角下甘孜州体育旅游发展研究》,西安体育学院 2022 年硕士学位论文。

[71] 杨帅:《长三角城市体育旅游竞争力测算与研究》,上海体育学院 2021 年硕士学位论文。

[72] 路颖:《体育旅游产业生态系统耦合评价》,山西财经大学 2022 年硕士学位论文。

[73] 宋思雨:《宁夏回族自治区休闲体育旅游产业发展路径研究》,宁夏大学 2023 年硕士学位论文。

[74] 刘冰洋:《基于社会网络分析方法的我国体育旅游研究进展分析》,西北师范大学 2023 年硕士学位论文。

[75] 那琪:《呼伦贝尔市体育旅游资源的发展策略研究》,内蒙古师范大学 2021 年硕士学位论文。

[76] 聂松启:《体育旅游领队素质结构研究》,上海体育学院 2021 年硕士学位论文。

[77] 孙传富:《山东省体育旅游目的地竞争力研究》,曲阜师范大学 2021 年硕士学位论文。

[78] 姜亚含:《全域旅游视角下大连市长海县海岛体育旅游产品开发策略研究》,沈阳体育学院 2020 年硕士学位论文。

[79] 肖蕾:《生态体育旅游认证评价指标体系构建与实证研究》,上海体育学院 2020 年硕士学位论文。

[80] 张婷婷:《内蒙古体育旅游发展融合创新研究》,西北师范大学 2020 年硕士学位论文。

[81] 王明君:《山东省体育旅游发展对策研究》,山东体育学院 2020 年硕士学位论文。

[82] 张修河:《山东省体育旅游资源评价及其优化研究》,曲阜师范大学 2020 年硕士学位论文。

[83] 王洋:《我国体育旅游政策研究》,海南热带海洋学院 2019 年硕士学位论文。

[84] 纪宁:《体育旅游产业系统运行研究》,天津大学 2021 年博士学位论文。

[85] 田启:《体育产业与旅游产业耦合发展研究》,上海体育学院 2017 年博士学位论文。

[86] 周慧、刘龙珠:《从贵州村超到哈尔滨冰雪游 地方竞相打造体育旅游目的地》,《21 世纪经济报道》2024 年 1 月 24 日第 6 版。

[87] 李晓红:《"跟着赛事去旅游"体育旅游成新风尚》,《中国经济时报》2023 年 9 月 27 日第 1 版。

[88] 韩洁:《体育牵引文化赋能旅游带动》,《张家口日报》2023 年 2 月 4 日第 1 版。

[89] 颉宇星:《流量变"留量"体育旅游市场加速发展》,《中国商报》2022 年 9 月 23 日第 5 版。

[90] 刘旭颖:《体育旅游消费迎来灿烂春光》,《国际商报》2022 年 4 月 8 日第 6 版。

[91] 孙红丽、高雷:《体育旅游有了好去处 2023 中国体育旅游精品项目公布》(http://ent.people.com.cn/n1/2023/1208/c1012-40135051.html)。

[92] 郜亚章:《体育旅游,走在规范化的路上》(https://www.workercn.cn/c/2021-08-02/6601277.shtml)。

[93] 伍策、元月:《中国积极推动体育旅游发展 体育旅游业态不断丰富》(http://travel.china.com.cn/txt/2021-02/26/content_77252792.html)。

[94] Rufus Duits, "Mountaineering, Myth and the Meaning of Life: Psychoanalysing Alpinism", *Journal of the Philosophy of Sport*, Vol.1, 2020.

[95] Rei Yamashita, Kosuke Takata, "Relationship between Prior Knowledge, Destination Reputation, and Loyalty among Sport Tourists", *Journal of Sport & Tourism*, Vol.2, 2020.

[96] Young Hoon Kim, Hongxin Li, John Nauright, "A Destination Development by Building a Brand Image and Sport Event Tourism: A Case of Sport City USA", *Sport in Society*, Vol.8, 2018.